Entscheidend

Psychologie und Technik besserer Entscheidungen

Walter R. Kaiser

Entscheidend

Psychologie und Technik besserer Entscheidungen

Bibliographische Information der Deutschen Nationalbibliothek
Die Deutsche Nationalbibliothek verzeichnet diese Publikation in
der Deutschen Nationalbibliografie; detaillierte bibliografische
Daten sind im Internet über http://dnb.b-nb.de abrufbar.

ISBN: 978-3-8482-2078-6

Inhaltsübersicht

Vorwort

Wie entscheiden wir? Die einen sagen, man solle hauptsächlich auf sein Bauchgefühl oder seine Intuition achten. Die anderen meinen, es wäre wesentlich besser, bei Entscheidungen seinen Verstand einzuschalten. Im täglichen Leben treffen wir oft Entscheidungen, ohne uns groß Gedanken darüber zu machen, wie wir dazu gekommen sind. Manchmal suchen wir dann erst nachträglich nach Begründungen für die angestrebten Ziele und die Methoden, die wir vor uns selbst und anderen gegenüber vertreten können. Wir „rationalisieren", wie die Psychologen sagen.

Entscheidungen betreffen immer die Zukunft. Wir stellen Vermutungen an, spekulieren darüber wie sie aussehen könnte. Dann wählen wir aus verschiedenen Handlungsoptionen diejenige aus, die für uns am vorteilhaftesten scheint. Etwas ironisch meint jedoch der Autor *Harald Willenbrock* in einem Zeitschriftenbeitrag in GEO (Willenbrock 08.2008, S. 145): *„Was die Treffsicherheit unserer privaten Zukunftsentscheidungen betrifft, gleichen wir Artilleristen, die mit einer einbetonierten Kanone auf höchst bewegliche Ziele feuern – und immer wieder erstaunt feststellen, wie selten wir einen Volltreffer landen."* Das gilt aber auch für geschäftliche Entscheidungen, obwohl man dort nach der Lehre der Betriebswirtschaft eigentlich rational vorgehen sollte. Zeitungsberichte zeugen von den vielen unternehmerischen Fehlentscheidungen.

Dieses Buch vermittelt allgemeinverständlich Einsichten darüber, wie wir entscheiden. Zuerst werden einige psychologische Erkenntnisse besprochen. Es beginnt mit einem Blick in unser Gehirn und seinen Aufbau. Dann betrachten wir ein paar geistige Abkürzungen, sogenannte Heuristiken, die wir meist unbewusst benutzen. Sie sind in der Regel hilfreich, aber eben nicht immer und können uns in die Irre führen. Wir werden dann die Entscheidungen in Entscheidungstypen einteilen und erkennen, welche Vor- und Nachteile sie haben. Dazu gehört auch, dass wir die oft hochgelobte intuitive Entscheidung ins rechte Licht rücken. Anschließend gehen wir auf rationale Entscheidungsmethoden ein. Die haben so seltsame Namen wie MaxiMin-, Hurwicz-, Savage-Niehans-, Laplace- oder Bayes-Regel. Diese Methoden werden besprochen ohne dass theoretischer Ballast und mathematische Formeln das Verständnis und die praktische Anwendung behindern.

Viele Abbildungen erleichtern das Verständnis und zeigen, wie man die Erkenntnisse leicht in die Praxis umsetzen kann. In Anlehnung an das vorherige Zitat könnte man als Ziel dieses Buches formulieren: Mit den Erkenntnissen aus diesem Buch macht man aus einer einbetonierten Entscheidungskanone ein frei bewegliches Geschütz mit einer justierbaren Zieleinrichtung. Damit erhöht man die Wahrscheinlichkeit, dass man sein Ziel auch trifft – nicht immer, aber sicherlich immer öfters!

Heimsheim im September 2012

Walter R. Kaiser

1 Einleitung

1.1 Wir sind alle Spekulanten?

Leben heißt entscheiden. Täglich treffen wir Entscheidungen über unser Leben: im Beruf, in der Familie, in unserer Partnerschaft. Wir sind zu laufenden Entscheidungen verdammt oder berufen – je nachdem wie man es sehen möchte. Viele unserer täglichen Entscheidungen können wir leicht wieder korrigieren, wenn sie sich als falsch herausgestellt haben. In nicht wenigen Fällen ist das aber nicht mehr ohne weiteres möglich, wenn nicht sogar unmöglich. Wir sprechen nach der Art, wie Entscheidungen zustande gekommen sind von emotionalen Entscheidungen, Bauchentscheidungen, intuitiven Entscheidungen oder rationalen Entscheidungen.

Aber was heißt „entscheiden"? Ein Blick in das Internet-Lexikon (www.wikipedia.de, Zugriff 1.8.2012) gibt uns eine erste Definition: *„Eine Entscheidung ist eine Wahl zwischen Alternativen oder zwischen mehreren unterschiedlichen Varianten von einem oder mehreren Entscheidungsträgern. Eine Entscheidung kann spontan bzw. emotional, zufällig oder rational erfolgen. Eine rational begründete Entscheidung richtet sich nach bereits vorgängig abgesteckten Zielen oder vorhandenen Wertmaßstäben."* Ein Fachbuch mit dem Titel *Die Psychologie der Entscheidung* zeigt uns weitere Facetten des Begriffes. Dort steht (Jungermann/Pfister/Fischer 2005, S. 3): *„Mit dem Begriff 'Entscheidung' verbinden wir im allgemeinen mehr oder weniger überlegtes, konfliktbewusstes, abwägendes und zielorientiertes Handeln."*

Über etwas zu entscheiden, was schon geschehen ist, scheint nicht sehr sinnvoll zu sein. Was passiert ist, kann man nicht mehr ändern. Nur in Science-Fiction-Romanen oder -Filmen gibt es Zeitreisen in die Vergangenheit, in der man von dort aus die aktuelle Gegenwart und weitere Zukunft beeinflussen kann. Eines ist in allen

Definitionen von „Entscheidung" versteckt: Man macht sich bestimmte Vorstellungen über die Zukunft und handelt danach. Wir könnten daher auch sagen: Entscheiden heißt spekulieren. Sind wir, sind alle Menschen von Natur aus Spekulanten?

1.2 Spekulanten und ökonomische Teufel

Spekulanten sind heutzutage die Buhmänner unserer Gesellschaft *(Abbildung 1: Spekulanten, Hyänen der Wirtschaft?)*. Sie werden verantwortlich gemacht für fast alles, was in der Wirtschaft schief gelaufen ist und immer noch schief läuft. Sie sind es, die mit ihren Computern im Sekundentakt auf dem Finanzmarkt mit Millionen oder sogar Milliarden Euro oder Dollar jonglieren. Sie sind es, die Nahrungsmittelpreise hochtreiben und für den Hunger der Welt verantwortlich sind. Sie treiben mit ihrer Gier Volkswirtschaften in den Abgrund. Sie rauben dem kleinen Mann sein hart erarbeitetes Vermögen, indem sie ihm wertlose Schrottpapiere andrehen. Und sie verdienen sich damit auch noch dumm und dusselig. Sie sind gewissenlos und raffgierig.

Sie sind die wirtschaftlichen Teufel in Menschgestalt, nur das sie ihren Pferdefuß in teuren Maßschuhen verstecken. Sie sind die Inkarnation des Bösen auf dieser Welt. Sie sind auch noch Deppen, weil sie beispielsweise meinten, Immobilienpreise würden immer nur steigen, nur weil sie in den letzten zwanzig Jahren gestiegen sind und einige von ihnen nun auf den Verlusten sitzen. Man kann ihnen nicht einmal mehr glauben, wenn sie einem das Datum und die Uhrzeit sagen. Sie sind wie Tiere: Heuschrecken, Haie, Hyänen, Schlangen oder auch Mistkäfer und elendes Gewürm. Sie verhalten sich wie Spieler, die sich gegenseitig eine entsicherte Handgranate zuwerfen, in der Hoffnung, dass sie nicht gerade dann explodiert, wenn sie sie selbst in Händen halten …

Abbildung 1: Spekulanten, Hyänen der Wirtschaft?
Spekulanten werden verantwortlich gemacht für wirtschaftliche Fehlentwicklungen und Finanzkrisen. Investmentbanker gelten als geldgierige Zocker zu Lasten seriöser Geldanleger. Sie sind Sündenböcke für vieles, was in der Wirtschaft schief gelaufen ist und läuft. Doch viele Politiker spekulieren mit viel größeren Beträgen und verwetten die Zukunft der folgenden Generation.

So! Denen hätten wir es gegeben. Denen haben wir jetzt gezeigt, was wir von ihnen halten! Aber ist dies die ganze Wahrheit? - Was machen eigentlich Spekulanten wirklich? Was ist Spekulation? Fragen wir doch einen, der es wissen müsste: einen Investmentbanker. Einer, der mit dreht am großen finanziellen Rad der Weltwirtschaft. Fragen wir *Alexander Dibelius*, Deutschland-Chef der US amerikanischen Investmentbank Goldmann Sachs. Er definiert Spekulation so (Welt am Sonntag 19.11.2011, S. 34): *„Wenn man die negative Konnotation [=Bedeutung] des Wortes mal für eine Sekunde außer Acht lässt, dann ist Spekulation nichts anderes als der Ausdruck einer Meinung über die Zukunft."* Der Spekulant bildet also für sich eine Theorie über die künftige Entwicklung beispielsweise einer Währung, einer Sojaernte, eines Aktienkurses. Er verarbeitet dabei bewusst und unbewusst die Fakten, die ihm zugänglich sind und berücksichtigt auch seine bisherigen Erfahrungen. Er wählt aus den verschiedenen möglichen Szenarien dasjenige aus, das er für am wahrscheinlichsten hält und trifft dann danach seine Entscheidungen: Kaufen oder Verkaufen, Optionen auf steigende oder fallende Kurse und Wetten auf Nahrungsmittelknappheit oder – überschuss.

1.3 Verwirrende Wahrscheinlichkeiten

Der Journalist und Buchautor *Rolf Bollmann (*1969)* drückt es etwas eleganter so aus (Bollmann, F.A.S. 23.10.2011, S. 42): *„Alles menschliche Handeln hängt von den Ideen ab, die wir uns über die Zukunft machen.*" Das klingt nun gar nicht mehr negativ. Das könnten wir so einmal stehen lassen. Es ist aber im Grunde die gleiche Aussage, die auch der Investmentbanker gemacht hat, nämlich: *„...Ausdruck einer Meinung über die Zukunft".* Sich eine Meinung über die Zukunft bilden, bedeutet immer auch, sich klarzumachen, wie wahrscheinlich ein Ereignis eintreten oder nicht eintreten wird. Diese Abwägungen führen wir allerdings nur selten wirklich bewusst durch.

Aber mit den Wahrscheinlichkeiten ist es so eine Sache *(Abbildung 2: Wahrscheinlichkeiten im Alltag).* Wir Menschen sind nicht besonders gut darin, mit Wahrscheinlichkeiten umzugehen. Nehmen wir ein paar Beispiele: Die Wahrscheinlichkeit, dass Sie im Lotto 6 aus 49 überhaupt etwas gewinnen, also mindestens drei Richtige haben, liegt bei 1 zu 61 oder 1,64 Prozent. Das heißt, dass Sie mit einer Wahrscheinlichkeit von 98,36 Prozent, also fast 100 Prozent nichts gewinnen werden. Für sechs Richtige liegt das Verhältnis 1 zu 15,5 Millionen oder schwindende 0,000 006 Prozent (www.lotto.de, Zugriff 23.10.2011). Dagegen liegt das Risiko, durch einen Verkehrsunfall zu sterben, rund tausendmal höher, nämlich bei 1 zu 15.800 oder 0,006 Prozent. Und die Wahrscheinlichkeit, dass ein Mann zwischen zwanzig und dreißig Jahren impotent ist oder wird, ist noch höher, immerhin bei 1 zu 124 oder 0,806 Prozent (www.anabell.de, Zugriff 23.10.2011). Doch Lotto spielende junge Männer denken wohl eher an einen Gewinn als an ihre mögliche Impotenz. Kein rein rational denkender Mensch dürfte also Lotto spielen, denn das eingesetzte Geld ist fast mit Sicherheit verloren. Dennoch spielen Millionen jede Woche in der irrationalen Hoffnung, dass das Glück auch ihnen einmal hold sein wird. Der Verstand sagt nein zum Lotto-Spiel, aber im Inneren der Spieler sagt etwas ja.

Ereignis	*Wahrscheinlichkeit*	
LOTTO	1:15.537.573	= 0,000 006 %
UNFALL	1:15.800	= 0,006 %
IMPOTENZ	1:124	= 0,806 %
SCHEIDUNG	1:2	= 50 %

Abbildung 2: Wahrscheinlichkeiten im Alltag
Ein tödlicher Autounfall ist tausendmal wahrscheinlicher als ein Hauptgewinn im Lotto. Ein Ereignis hat immer eine Eintrittswahrscheinlichkeit von kleiner als 1 oder 100 Prozent. Nur eines ist für jeden Menschen absolut, also zu hundert Prozent sicher: der eigene Tod.

Und noch eine interessante Wahrscheinlichkeit. Nach den Daten des Statistischen Bundesamtes gibt es aktuell etwa doppelt so viele Eheschließungen wie Ehescheidungen. Damit liegt das Risiko, dass eine Ehe schief geht, bei etwa 50 Prozent. Dennoch wird immer noch geheiratet. Dennoch glauben jungverheiratete verliebte Paare daran, dass ihre Ehe gutgehen wird. Auch hier klaffen, rückblickend betrachtet, oft Verstand und Gefühl weit auseinander.

Noch ein kurzer Blick auf drei Begriffe, die in der Alltagssprache oft synonym, also gleichbedeutend gebraucht werden, jedoch inhaltlich verschieden sind: Unsicherheit, Risiko und Ungewissheit. Nehmen wir ein Würfelspiel. Man kann hier berechnen, mit welcher Wahrscheinlichkeit man beispielsweise eine Sechs *nicht* würfelt. Von sechs Möglichkeiten, können fünf ungünstig ausfallen. Die Wahrscheinlichkeit, dass man *keine* Sechs würfelt, beträgt damit fünf zu sechs oder 0,833 bzw. 83,3 Prozent. Risiko wäre demnach die berechenbare Wahrscheinlichkeit, dass ein ungünstiges Ereignis eintritt. Fragen wir uns nun noch, wie wahrscheinlich es ist, dass nachts vor Ihrem Schlafzimmerfenster eine Eule sitzt. Es gibt darüber keinerlei Daten. Man kann keine Wahrscheinlichkeit angeben, wie häufig so etwas passiert ist oder passieren wird. Es ist ungewiss. Der Obergriff über beide, also Risiko und Ungewissheit ist die Unsicherheit.

Die Erkenntnis daraus für unsere Entscheidungen lautet: Wir entscheiden immer unter Unsicherheit. Gewissheit gibt es nie. Auch ein unwahrscheinliches Ereignis kann eintreten (siehe Sechser im Lotto). Die einzige Gewissheit in unserem Leben mit einer Eintrittswahrscheinlichkeit von Eins oder hundert Prozent ist der Tod. Eine mehr als hundertprozentige Wahrscheinlichkeit gibt es nicht. Sie ist nur ein umgangssprachlicher Ausdruck dafür, dass etwas ziemlich, ziemlich, ziemlich sicher zu sein scheint.

Wir sehen schon an diesen Beispielen, dass wir keineswegs immer verstandesmäßig und optimal entscheiden. Wir sehen auch, dass wir sogar Handlungen durchführen, deren Wahrscheinlichkeit des Misserfolges man sogar berechnen kann. Und uns ist nochmals klar geworden, dass trotz aller Bemühungen ein Restrisiko immer bleibt. Damit wären wir bei den interessanten Fragen angekommen, nämlich: a) Wie entscheiden wir?, b) Warum entscheiden wir oft falsch?, und c) Können wir unsere Entscheidungsfähigkeit verbessern?

2 Wie wir entscheiden

2.1 Entscheidung zeigt Profil

Eine erste unumstößliche Tatsache ist, dass wir laufend Entscheidungen treffen müssen. Der Psychotherapeut und Buchautor *Paul Watzlawick* (*1921) meint beispielsweise, es sei unmöglich, dass wir auf andere Menschen nicht nicht wirken. Entsprechend könnten wir sagen: Wir können nicht nicht entscheiden. Auch keine Entscheidung ist eine Entscheidung, was manchmal vergessen wird. Doch über was wir entscheiden, ist höchst verschieden. Niemand kann ernstlich bestreiten, dass es wesentliche Unterschiede gibt darin, ob wir a) uns mit dem Auto in dichtem Straßenverkehr bewegen und sekundenschnell reagieren müssen, b) beim Bäcker unsere Frühstücksbrötchen kaufen und aus dem Brötchenangebot wählen, c) in der Firma über die Investition einer Produktionsmaschine entscheiden, die mehrere hunderttausend Euro kostet, oder d) ob wir uns entschließen, mit unserem Partner oder unserer Partnerin aufs Standesamt zu gehen, um zu heiraten.

Jede Entscheidung hat ihr eigenes sogenanntes Entscheidungsprofil. Dieses Profil entsteht, indem man beispielsweise folgende Fragen beantwortet: 1. In welchen Bereich gehört die Entscheidung, privat oder geschäftlich? 2. Wie wichtig ist die Entscheidung? 3. Wie eilig ist die Entscheidung? 4. Ist die Entscheidung revidierbar? 5. Wie viele Alternativen gibt es? 6. Wie lange wirken die Folgen der Entscheidung? 7. Sind andere Personen von der Entscheidung betroffen? 8. Wie viel Geld ist involviert? 9. Hat man mit der Entscheidung schon Erfahrung? Selbst wenn man bei diesen neun

Fragen nur jeweils zwei Alternativen zulässt z.B. geschäftlich/privat, nicht eilig/sehr eilig oder langfristig/kurzfristig etc., dann können 512 verschiedene Entscheidungssituationen entstehen, eine sicherlich verwirrend große Zahl. Praktisch wäre es kaum durchführbar, bei jeder Entscheidung festzustellen, welche der 512 Alternativen gerade jetzt infrage kommt.

Der Verhaltensforscher und Neurobiologe *Gerhard Roth (*1942)* hat die vielfältigen Einzelentscheidungen in fünf Typen unterteilt (Roth 2010, S. 16 ff): automatisierte Entscheidungen, emotionale Entscheidungen, rationale Entscheidungen und intuitive Entscheidungen. Die emotionalen Entscheidungen sind die sogenannten „Bauchentscheidungen". *Roth* unterscheidet dabei emotionale Entscheidungen mit und ohne Zeitdruck. Auf dem *Bild (Abbildung 8: Fünf Entscheidungstypen)* sind einige Entscheidungssituationen beispielhaft genannt.

Bevor wir uns jedoch näher mit ihnen befassen, werfen wir einen Blick in unser Gehirn. Denn dessen Aufbau und Funktion bestimmen wesentlich mit, wie wir mit Entscheidungssituationen umgehen, welche Informationen wir für unsere Vorhersagen über die Zukunft verwenden und wie wir sie bewerten.

2.2 Krokodil im Menschenhirn

Im Jahr 1974 hat der US-amerikanische Hirnforscher *Paul D. MacLean (1913 – 2007)* ein Buch veröffentlicht mit dem Titel *The Triune Brain in Evolution* übersetzt etwa: *Die Evolution des dreieinigen Gehirns.* Der Titel ist angelehnt an die englische Redewendung *The Triune Good, Der Dreieinige Gott.* In diesem Buch fasst er seine Erkenntnisse über die Entstehungsgeschichte des menschlichen Gehirns zusammen. In seinem Modell zeigt er, dass unser Gehirn aus drei unterscheidbaren Bereichen besteht, die evolutionsgeschichtlich verschieden alt sind *(Abbildung 3: Drei*

16

Entwicklungsstufen des menschlichen Gehirns). Ihnen können verschiedene Funktionen zugeordnet werden. Den stammesgeschichtlich ältesten Bereich nennt er das „protoreptilische Gehirn" oder „Reptiliengehirn". Es entstand vor etwa eineinhalb Milliarden Jahren. Hier befinden sich die angeborenen Instinkte. Und von hier aus werden die elementaren Lebensfunktionen gesteuert wie Herzschlag, Atmung, Verdauung. Wird dieser Gehirnteil verletzt, ist das der sichere Tod des betroffenen Lebewesens.

Stammesgeschichtlich etwas später entstanden ist das „paleomammalische Gehirn" oder „Altsäugetiergehirn". Es hat sich vor etwa eine Milliarde Jahre entwickelt. *MacLean* hat dafür im Jahr 1952 den Begriff Limbisches System geprägt. Hier werden Sinneswahrnehmungen emotional eingefärbt und nach einfachen Kriterien unbewusst bewertet, meist danach, ob etwas für das Lebewesen kurzfristig gut oder schlecht zu sein scheint. Man kann auch sagen, das Limbische System ist Entstehungsort oder Sitz der Emotionen.

Der stammesgeschichtliche jüngste Bereich ist das „neomammalische Gerhirn" oder „Neusäugetiergehirn". Es ist etwa fünfhundert Millionen Jahre jung. Hier, hauptsächlich im Neocortex, der Großhirnrinde, sind die Funktionen angesiedelt, auf die wir Menschen so stolz sind und von denen viele meinen, dass die uns wesentlich von den Tieren unterscheiden: Bewusstsein, Denken, Logik, Rationalität.

Reptilienhirn, Emotionshirn und Denkhirn sind also die Bereiche, mit denen wir Menschen heute leben müssen. Und das hat Konsequenzen auf die Art und Weise wie wir Informationen verarbeiten, bewerten und wie wir entscheiden. Bevor Sinneseindrücke das Großhirn, genauer die Areale der Großhirnrinde erreichen, haben sie Stammhirn und Zwischenhirn, also das Limbische System passiert. Und im Limbischen System findet, wie wir eben erkannt haben, eine emotionale Bewertung statt nach dem einfachen Schema: gut für mich/schlecht für mich. Dies ist meist nur eine kurzfristige Orientierung, ohne langfristige Folgen zu beachten.

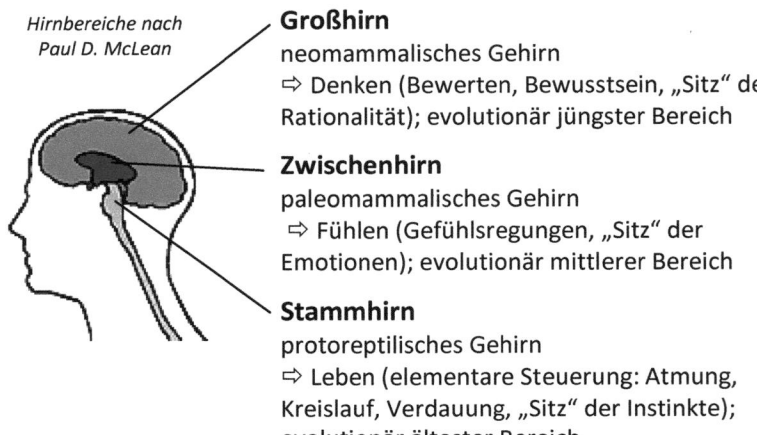

Hirnbereiche nach Paul D. McLean

Großhirn
neomammalisches Gehirn
⇨ Denken (Bewerten, Bewusstsein, „Sitz" der Rationalität); evolutionär jüngster Bereich

Zwischenhirn
paleomammalisches Gehirn
⇨ Fühlen (Gefühlsregungen, „Sitz" der Emotionen); evolutionär mittlerer Bereich

Stammhirn
protoreptilisches Gehirn
⇨ Leben (elementare Steuerung: Atmung, Kreislauf, Verdauung, „Sitz" der Instinkte); evolutionär ältester Bereich

Abbildung 3: Drei Entwicklungsstufen des menschlichen Gehirns
Der Hirnforscher McLean unterteilt das menschliche Gehirn entsprechend seiner Entwicklungsgeschichte in drei Bereiche: Reptiliengehirn, Altsäugetiergehirn und Neusäugetiergehirn. Als Menschen müssen wir mit unserer biologischen Vergangenheit leben

Denken ohne dass Emotionen beteiligt sind, ist daher aufgrund unseres Gehirnaufbaus prinzipiell unmöglich – auch wenn wir das oft nicht erkennen oder uns nicht eingestehen möchten. Denn wir möchten gerne vor uns selbst und vor anderen Personen als „vernünftige" Mitglieder der Gesellschaft gesehen werden. Wichtig für uns ist hier: Emotionale Bewertungen beeinflussen die Entscheidungen, die wir treffen. Manchmal weniger, oft mehr als wir wahrhaben möchten.

2.3 Gefühlsmarkierungen

Eine ergänzende Erklärung dieses Phänomens liefern auch sogenannte „somatische Marker". Dieser Begriff wurde vom portugiesischen Neurowissenschaftler *António R. Damásio (*1944)* eingeführt. Er schreibt dazu (Damasio 2010, S. V): *„Gefühle markieren bestimmte Aspekte einer Situation oder bestimmte Ergebnisse möglicher Handlungen. Das Gefühl nimmt diese Markierung entweder offen vor, etwa als 'Bauchgefühl', als instinktives Empfinden, oder verdeckt mittels Signalen, die unterhalb der Bewusstseinsschwelle empfangen werden."* Ein Internet-Lexikon definiert den Begriff kurz und prägnant so (www.wikipedia.de, Zugriff 10.8.2012): *„Ein somatischer Marker ist eine automatische Körperreaktion als Signal der emotionalen Befindlichkeit".* Demnach speichert unser Körper bei allem was wir tun und erleben eine positive oder negative Körperreaktion in einem emotionalen Erfahrungsgedächtnis mit ab. Somatische Marker, verstanden als Summe früherer sinnlicher Erfahrungen, prägen und beeinflussen unser Verhalten. Stehen wir erneut vor einer gleichen oder scheinbar gleichen Situation, ruft unser Körper die früheren Emotionen ab und veranlasst dann die zugehörenden körperlichen Reaktionen.

Ein Beispiel soll das verdeutlichen. Sieht man beispielsweise eine Schlange, dann wird dieses Bild in Erregungsmuster für das Gehirn umgewandelt und zu einem bestimmten Hirnareal, Thalamus genannt, übertragen. Von dort aus wird die Großhirnrinde aktiviert, der visuelle Cortex, und die Informationen werden verstandesmäßig verarbeitet. Aber ein Teil der eingehenden Informationen geht parallel und direkt zu einem anderen Gehirnbereich, dem Mandelkern, der Amygdala. Der wird spontan erregt. Es entstehen sofort Emotionen aufgrund früherer Erfahrungen. Dies führt unmittelbar zu einer geänderten körperlichen Befindlichkeit wie Angstschweiß und beschleunigtem Herzschlag und zu Handlungen wie Flucht oder Angriff. Die vernunftmäßige Analyse kommt zeitversetzt später. Emotionen sind also entstanden, bevor mit dem Verstand die Situation beurteilt werden konnte. Diese Abläufe beeinflussen natürlich auch unsere Entscheidungen.

Für das bessere Verständnis später folgender Ausführungen ist vielleicht noch wichtig zu wissen, dass unser Gehirn symmetrisch aufgebaut ist. Es besteht aus einer rechten und linken Gehirnhälfte, die durch einen dicken Nervenstrang miteinander verbunden sind *(Abbildung 14: Sitz der Intuition im menschlichen Gehirn)*. Die linke Hälfte (immer aus eigener Sicht gesehen) ist hauptsächlich zuständig für sequentielles Denken, also Kulturtechniken wie Lesen, Schreiben, Rechnen sowie Logik und Rationalität. Die rechte Hälfte steht für paralleles ganzheitliches Denken, für Kreativität, Bildersprache und Phantasie, um nur einige Funktionen zu nennen. Entdeckt hat diese Funktionsteilung der US-amerikanische Neurobiologe *Roger W. Sperry (1913 – 1994)*. Für diese Entdeckung hat er im Jahr 1981 den Nobelpreis für Medizin erhalten.

2.4 Kann man Gedanken sehen?

Um es gleich vorwegzunehmen: Nein, man kann keine Gedanken sehen oder lesen! Diese Fähigkeiten sind Personen in Science-Fiction-Romanen, esoterischer und parapsychologischer Literatur oder Sagen und Märchen vorbehalten. Gehirnforscher bezweifeln, ob dies überhaupt jemals möglich sein wird. Denn es gibt etwa 100 Milliarden Nervenzellen, Neuronen, in unserem Gehirn. Wobei jede einzelne Nervenzelle bis zu 10.000 Verbindungen zu anderen aufnehmen könnte (M. Korte, Max-Planck-Institut für Neurobiologie, in: ARTE TV, 29.8.2000). Rein rechnerisch würden sich mehr verschiedene mögliche Gehirnzustände ergeben als Atome im bekannten Universum vorhanden sind. Selbst wenn es etwas weniger Gehirnzustände wären, weist diese ungeheuer große Zahl aufgrund der vielfältigen möglichen Verknüpfungen auf die immense Komplexität unseres Gehirns hin. Wenn wir Entscheidungen treffen, ist dieses vernetzte komplexe biologische System namens Gehirn beteiligt. In seinem Artikel mit dem Titel *Das Geheimnis einer guten Wahl* meint der Autor *Harald Willenbrock* (Willenbrock 08.2008, S. 148) sehr bildlich: *„Verglichen mit der Komplexität unseres Hirns* *erinnern die heute verfügbaren Instrumente der Hirnforscher an Schaufelradbagger, mit denen man eine Armbanduhr auseinander-zunehmen versucht."*

Wie kann man dennoch verwertbare Erkenntnisse über unsere Gehirnfunktionen erwerben? Es gibt verschiedene Möglichkeiten, die wir hier kurz kennenlernen. Eine bestand bis Ende des 19. Jahrhunderts hauptsächlich darin, dass man die Gehirne von Leichen sezierte. Wenn man während der Lebenszeit Abweichungen von normalem Verhalten durch Krankheiten oder Verletzungen beobachten konnte, dann gaben zerstörte Gehirnregionen brauchbare Hinweise darauf, dass diese Regionen möglicherweise für die Steuerung dieses Verhaltens zuständig waren. Mit heutigen moderneren Techniken ist es möglich, auch an lebenden Personen zu messen, wann welche Gehirnaktivitäten stattfinden.

Ein in der Hirnforschung häufig zitierter berühmter Fall ist der Unfall des *Phineas P. Gage (1923 – 1860).* Er war Vorarbeiter bei einer Eisenbahngesellschaft und führte Sprengungen durch. Am 13. September 1848 explodierte beim Stopfen eines Sprengloches das Pulver. Die Eisenstange, mit der die Sprengladung verdichtet werden sollte, drang unterhalb des Wangenknochens in *Gages* Kopf ein und trat oben am Kopf wieder aus *(Abbildung 4: Der Arbeitsunfall des Phineas P. Gage). Gage* überlebte den Unfall. Nach wenigen Wochen war er körperlich wieder hergestellt. Motorik, Wahrnehmung, Gedächtnis und Sprachfähigkeit waren nicht erkennbar beeinträchtigt worden. Lediglich das linke Auge war zerstört. Aber aus einem freundlichen, besonnenen, geachteten Menschen wurde ein unzuverlässiger und egozentrischer Mitgenosse, der kein Mitgefühl mehr für andere empfinden konnte. Er war nicht mehr in der Lage, ein normales Leben zu führen. Dadurch konnte man später folgern, welche Gehirnareale für die nun fehlenden Eigenschaften zuständig sind. Es waren eben die zerstörten.

 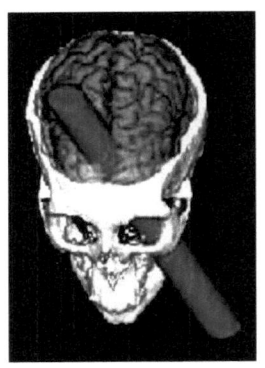

Phineas P. Gage
(1823 - 1860)

Rekonstruktion
mittels Computer

Abbildung 4: Der Arbeitsunfall des Phineas P. Gage
Bei einer Sprengung drang eine Eisenstange in den Kopf des Arbeiters Gage. Er überlebte. Einige Gehirnregionen wurden zerstört. Seine Persönlichkeit veränderte sich. Daraus konnte man folgern, welche Gehirnregionen wahrscheinlich für bestimmte Persönlichkeitsaspekte „zuständig" sind.

Eine weitere Erkenntnisquelle über Gehirnfunktionen ist die direkte Stimulierung von Gehirnarealen über Elektroden. Die Elektroden werden in die betreffende Gehirnregion eingeführt und unter einen leichten Strom gesetzt. Dies kann am offenen Gehirn geschehen oder durch kleine Löcher in der Schädeldecke. Es finden Körperreaktionen statt, häufig begleitet durch Emotionen. So kann man feststellen, welche Gehirnareale für welche Funktionen zuständig sind.

Eine etwas sanftere Methode ist die Elektroenzephalografie, abgekürzt EEG. Man weiß, dass bei der Informationsverarbeitung im Gehirn elektrische Zustandsänderungen entstehen. Wenn man den Versuchspersonen verschiedene Aufgaben gibt und dabei die Gehirnströme misst, kann man feststellen, welche Bereiche im Gehirn bei der Aufgabenlösung aktiviert wurden. Den Ort kann man dabei allerdings nur mit einer Ungenauigkeit von zwei Zentimetern lokalisieren. Will man eine genauere Ortsbestimmung im Gehirn durchführen, müssen Messelektroden eingeführt werden.

Apparatetechnisch sehr aufwendig sind die sogenannten bildgebenden Verfahren. Von der Aussagekraft her kann man diese Verfahren mit den Wärmebildern vergleichen, die man von Gebäuden oder Lebewesen erstellen kann. Bei diesen Wärmebildern erkennt man, wie die Temperaturen im Gebäude oder einem Körper verteilt sind. Der Computer färbt die verschieden Temperaturen unterschiedlich ein. Rot bedeutet eine hohe, blau eine niedrige Temperatur. Während man jedoch bei einem Wärmebild die Temperaturabstrahlung an der Außenhaut des Objektes misst, zeigen die bildgebenden Verfahren auch Zustände im inneren des Gehirns. Dazu wird das Gehirn in Scheiben unterteilt, die dann hintereinander gelegt wieder ein Gesamtbild ergeben. Das Zerteilen erfolgt natürlich nur virtuell auf dem Computer, und nicht real.

So schön die farbigen Bilder der bildgebenden Verfahren manchmal aussehen, man sollte sich nicht irreführen lassen und zu viel erwarten. Es werden keine Gedanken abgebildet, nicht einmal direkt Gehirnfunktionen. Wenn es um die Feststellung von Gehirn-funktionen geht, wird lediglich ermittelt, wie das Gehirn bei bestimmten Aktivitäten durchblutet wird. Da Blut sozusagen der Treibstoff für die Gehirntätigkeit ist, kann man aufgrund der hohen oder geringeren Durchblutung schließen, welche Gehirnareale wie stark aktiviert sind.

Es gibt zwei prinzipiell verschiedene Methoden, wie man das feststellen kann. Bei der einen wird der Person eine leicht radio-aktive Flüssigkeit in die Armvene injiziert. Dann misst man, wie sich die Radioaktivität im Gehirn verteilt. Dies ist die Positronen-Emissions-Tomographie, abgekürzt PET. Die andere Messmethode nutzt die magnetischen Eigenschaften von Wasserstoffatomen oder die der eisenhaltigen roten Blutkörperchen, des Hämoglobins. Dies sind Methoden der Magnet-Resonanz-Tomographie, abgekürzt MRT.

Wenn man die Veränderung der Gehirndurchblutung im Zeitverlauf feststellen will, benutzt man die Magnetfeldmessung über die roten Blutkörperchen, dem Hämoglobin. Diese Methode ist dann die Funktionale-Magnet-Resonanz-Tomographie, abgekürzt fMRT.

2.5 Das Gesicht lügt nicht

Im Fernsehen gab es eine Serie mit dem Titel *Lie to me*, was so viel heißt wie: *Lüge mich an*. Hauptfigur ist ein *Dr. Cal Lightman*. In seiner Firma hat er eine Methode entwickelt, wie man aus minimalen Änderungen der Gesichtszüge erkennen kann, ob jemand lügt oder die Wahrheit sagt. Seine Auftraggeber sind Polizei, Anwälte aber auch Unternehmen.

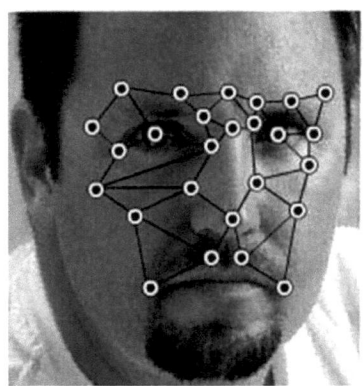
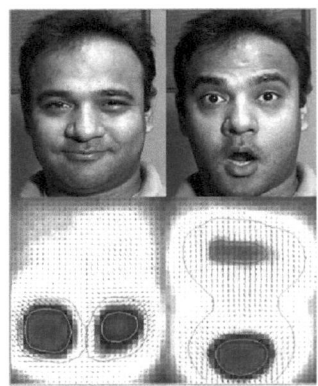

Vermessung Mikromimik
mittels „Action Units"

Emotion (oben) und
Gehirnaktivität (unten)

Abbildung 5: Das Gesicht lügt nicht
Es gibt einen direkten Zusammenhang zwischen Gesichtsausdruck, Emotion und Gehirnaktivität. Mit dem FACS, Facial Action Coding System (Gesichtsbewegungen-Codiersystem) kann man dies beweisen. Die Methode war Vorlage zu einer Fernsehserie mit dem Titel: Lie to me (deutsch: Lüge mich an).

Die erste Überraschung: Diese Methode gibt es tatsächlich *(Abbildung 5: Das Gesicht lügt nicht)*. Sie heißt *Facial Action Coding System* oder *FACS*, was deutsch etwas umständlich heißt: *Gesichtsbewegungen-Codierungssystem*. Die Methode wurde 1976 vom Anthropologen und Psychologen *Paul Ekman (*1934)* entwickelt. Man hat etwa vierzig Einzelbewegungen definiert, sogenannter „Action Units", Aktionseinheiten, aufgrund derer man den emotionalen Status einer Person erkennen kann. Die zweite Überraschung: Es gibt solch eine Firma wie im der TV-Serie: *Sensory Logic,* ein US Unternehmen mit Sitz in Minneapolis.

Die Emotionspsychologie hat festgestellt, dass unsere Emotionen sich in teilweise minimalen Veränderungen der Gesichtszüge widerspiegeln, der Mikroexpression, wie die Fachleute sagen. Dies erfolgt unbewusst. Denn das, was wir mit Worten ausdrücken, muss nicht unbedingt mit unseren Emotionen übereinstimmen. Sprache ist schon durch den Verstand gefiltert, wie die Erläuterungen zum Gehirnaufbau ja gezeigt haben. Man kann daher aus der systematischen Analyse der Gesichtsbewegungen auf die wirklichen Befindlichkeiten der betreffenden Person schließen. Da Emotionen im Limbischen System, also im Zwischenhirn, entstehen, ist dies auch eine indirekte Methode, um auf dessen Tätigkeit zu schließen. Weil Gefühle nach der Definition des Neurowissenschaftlers *Damasio* die bewusst gewordenen Emotionen darstellen, kann man mit den bildgebenden Verfahren die unterschiedlichen Gefühle bildlich auch als Aktivitäten der Großhirnrinde darstellen.

Warum dieser kurze Ausflug zum *FACS*? Wir werden in unseren Entscheidungen auch dadurch beeinflusst, was andere Personen von unseren Entscheidungen halten. Die zeigen ihre wahre Befindlichkeit durch ihren Gesichtsausdruck, den wir meist unbewusst wahrnehmen und interpretieren. Unsere Entscheidungen sind also nicht immer alleine unsere eigenen Entscheidungen, sondern werden auch vom sozialen Umfeld mit beeinflusst.

3 Warum entscheiden wir oft falsch?

Wenn wir unsere Entscheidungsfähigkeit verbessern wollen, sollten wir auch einen Blick werfen auf einige Ursachen von Fehlentscheidungen. Wir wissen nun schon, dass Emotionen bei allen Denk-, Bewertungs- und Entscheidungsvorgängen beteiligt sind. Sie entstehen in einem der stammesgeschichtlich ältesten Gehirnteile, dem Limbischen System. Wir haben auch gesehen, dass man zwar keine einzelnen Gedanken, aber die Aktivitäten von Gehirnarealen messen kann, wenn auch nur indirekt. Zuletzt ist uns eine Methode begegnet, durch die es möglich ist, die Mikroexpressionen, also die kleinen mimischen Veränderungen unseres Gesichtes systematisch zu erfassen und zu analysieren. Sie erlauben einen Rückschluss auf die Emotionen, die unbewusst und unkontrolliert entstehen. Wir werden jetzt einen Blick werfen auf ein paar ausgewählte Denk- und Entscheidungsfehler, denen wir immer wieder erliegen. Nur wenn wir sie kennen, haben wir die Chance, sie auch zu vermeiden oder zu korrigieren.

Aus den vielen Irrtümern, die uns dabei heimsuchen können, wurden acht ausgewählt: Assoziations-Fehler, Bestätigungs-Fehler, Herdentrieb, Rahmeneffekt, Rückschau-Fehler, Verfügbarkeits-Fehler, Verlustaversion und Wahrscheinlichkeits-Fehler. Sie kommen sehr häufig vor. Selbst wenn wir sie jetzt kennen lernen, werden wir dennoch auf sie immer wieder hereinfallen, aber vielleicht etwas weniger häufig.

3.1 Assoziations-Fehler

Kennen Sie den Pawlowschen Hund? Der russische Mediziner und Nobelpreisträger *Iwan Petrowitsch Pawlow (1849 – 1936)* wollte in seinem Experiment eigentlich nur den Speichelfluss von Hunden unter verschiedenen Versuchsanordnungen messen. Dazu wurde der Hund in einem Gestell fixiert. Dann wurde im Fressen angeboten, wobei natürlich vorher Speichel floss. Dann hat man dazu in mehreren Wiederholungen eine Glocke geläutet. Später genügte allein das Leuten der Glocke, und der Hund speichelte auch ohne Fressen. Er hatte das Glockenläuten mit bevorstehenden Fressen verbunden, assoziiert. Seine körperliche Reaktion, der Speichelfluss, wurde abgekoppelt vom ursprünglichen Zweck, der Nahrungsaufnahme, und an ein anderes Signal geknüpft, den Glockenton.

Wenn ein Fußballtrainer einen blauen Pullover anhat und seine Mannschaft gewinnt und beim nächsten Mal hat er wieder den blauen Pullover an und die Mannschaft gewinnt wieder, wird er vielleicht beim übernächsten Mal nochmals den gleichen blauen Pullover anziehen in der (für Außenstehende unbegründeten) Hoffnung, dass wieder ein Sieg erreicht werden kann. Er hat den Mannschaftssieg verbunden mit dem blauen Pullover. Das scheint unlogisch und lächerlich, aber es geschieht. Unser Gehirn ist wild darauf, Verknüpfungen verschiedener Ereignisse vorzunehmen, selbst wenn diese Ereignisse nur zufällig miteinander auftreten. Abergläubische Rituale entstehen so und auch Fehlentscheidungen.

Folge: Durch diesen Assoziations-Fehler vermuten wir Ursachen oder Zusammenhänge, wo keine sind. Und wir entscheiden uns für Handlungen, die nichts bringen. Wir werden dadurch bei Entscheidungen fehlgeleitet.

3.2 Bestätigungs-Fehler

Wenn wir uns einmal eine Meinung über einen Vorgang oder einen Menschen gebildet haben, dann halten wir sehr lange daran fest. Wie kommt das? Wir suchen unbewusst gierig nach Informationen, die unsere Meinung bestätigen *(Abbildung 6: Bestätigungsfehler)*. Ein religiöser Mensch, der an Wunder glaubt, sieht in vielen Ereignissen die Wirkung eines göttlichen Eingreifens. Er fühlt sich in seinen

Glauben bestätigt. Ein Atheist verhält sich gerade umgekehrt. Er glaubt nicht an Wunder sondern hält ein unerklärliches Ereignis vielleicht lediglich für zufällig oder eben nur im Augenblick nicht erklärbar. Wenn wir jemanden als unmögliche ungehobelte Person ansehen, dann suchen wir nach Anzeichen dafür, die unsere Meinung bestätigen. Und bei wissenschaftlichen Theorien ist es das gleiche. Es fällt schwer, sich von einer einmal gefassten Meinung wieder zu verabschieden.

Abbildung 6: Bestätigungsfehler
Wir akzeptieren Informationen ums so eher, je besser sie in unser bisheriges Weltbild passen. Wenn sie unsere Meinungen bestätigen, bevorzugen wir diese Informationen bei unseren Entscheidungen. Dadurch können Fehlentscheidungen zustande kommen, weil wir andere Informationen ausblenden.

Folge: Durch den Bestätigungs-Fehler blenden wir bei Entscheidungen wichtige Informationen aus und verwenden bevorzugt die, welche unsere bisherige Einstellung bestätigen. Wir stehen bei unseren Urteilen oft auf dem Sockel unser vorgefassten Ansichten, unserer Vorurteile.

3.3 Herdentrieb

Nehmen wir an, Sie sitzen im Konzert. Aus dem Programm haben Sie entnommen, dass das Musikstück aus drei Sätzen besteht. Sie wissen, dass man üblicherweise erst nach dem dritten Satz Beifall spendet. Nach dem ersten Satz schon beginnen mehrere Personen zu klatschen. Sie fallen kurzfristig automatisch mit ein. In Comedy-Sendungen wird oft an bestimmten Stellen Gelächter aus der Tonkonserve eingespielt. Viele Leute lachen dann ebenfalls an dieser Stelle. Sie würden es aber ohne die Tonkonserve nicht tun. Wenn in Presse-, Fernsehen und Internet eine bestimmte Kapitalanlage lange Zeit als besonders attraktiv dargestellt wird, für die sich angeblich schon viele Personen entschieden haben, werden einige Personen ebenfalls solche Papiere kaufen, auch ohne sie im Detail zu prüfen.

Folge: Aufgrund des Herdentriebes nehmen wir oft an, dass das, was viele tun, nicht falsch sein kann. Wir fühlen uns wohl und sicherer, wenn wir gleiches tun und denken wie andere. Wir entscheiden uns oft ohne zu prüfen, ob die Gründe für unser Handeln auch wirklich in diesem Augenblick für uns gelten können.

3.4 Rahmen-Effekt

Ein Beispiel aus einem psychologischen Experiment: In einem weitgehend isolierten Bergdorf mit 800 Einwohnern sei eine Seuche ausgebrochen, die ohne Behandlung für alle tödlich verläuft. Man kann das Medikament A einzusetzen, bei dem ein Viertel der Einwohner sicher sterben wird, oder das Medikament B, bei dem dreiviertel der Personen sicher überleben. Vor die Wahl gestellt, entscheiden sich die meisten Versuchspersonen für B. Denn wer will schon den Tod von Menschen durch seine Entscheidungen verantworten. Doch beide Alternativen führen zum gleichen Ergebnis: 200 Personen werden sterben, 600 werden geheilt. Pech, wenn Sie in der Realität eine Firma hätten, die A herstellt. Die Firma mit B würde das Geschäft machen.

Wein ist Wein, könnte man meinen. Aber er trennt konfessionelle Welten. Wenn er beim Abendmahl dargereicht wird, ist er für die Reformierten nur symbolisch das Blut Jesus Christus. Für die Katholiken wird er zum Zeitpunkt des Genusses zum „wahren" Blut. Der geistige Rahmen, in dem er dargeboten wird, unterscheidet sich und damit auch, wie man den Wein sieht.

Folge: Der Rahmen-Effekt bewirkt, dass wir je nach dem, in welchem Umfeld Fakten dargeboten werden, wir sie anders interpretieren. Dies kann dazu führen, dass wir eine bessere Alternative nicht wählen, weil die schlechtere uns vorteilhafter erscheint.

3.5 Rückschau-Fehler

Nach kurzer Ehe wird das Paar wieder geschieden. Es wäre verwunderlich, wenn dann nicht Bemerkungen fallen würden wie: „Das war ja vorherzusehen, die waren zu verschieden." Oder: „Das ist nicht überraschend, die waren sich zu ähnlich." Wenn man die Tageszeitungen aufschlägt, können Experten nun genau darlegen, weshalb es zur Finanzkrise 2008/2009 kommen musste. Vor der Krise hat man nichts dergleichen von ihnen gehört. Im Gegenteil, fast alle haben Prognosen für weiteres stabiles Wirtschaftswachstum abgegeben. Ökonomen lagen daneben, obwohl sie wissen müssten, dass Krisen fester Bestandteil eines jeden Wirtschaftssystems waren und sind.

Wenn ein Geschäftsführer einer Firma zufällig einen ordentlichen Jahresgewinn vorweisen kann, dann schreibt er das seinen Fähigkeiten zu und kann genau begründen, weshalb es gar nicht anders kommen konnte. Er kann die „Erfolgsfaktoren" nennen, die aus seiner Sicht dazu geführt haben. Dass die auch in schlechten Jahren vorhanden waren oder er sie vorher gar nicht beachtet hat, wird vergessen. Wir unterschätzen rückblickend oft, was wir zum Zeitpunkt der Entscheidung gewusst haben oder wissen konnten.

Folge: Durch den Rückschau-Fehler meinen wir, wir wären besonders gute Vorhersager. Dadurch werden wir verleitet, unsere Fähigkeiten systematisch zu überschätzen. Wir verdrängen, dass vieles dem Zufall geschuldet ist. Das wirkt sich negativ auf die Qualität unserer Entscheidungen aus und verdrängt mögliche Risiken.

3.6 Verfügbarkeits-Fehler

Wenn im Fernsehen oder in der Presse über den Absturz eines Passierflugzeuges berichtet wird mit vielen Todesopfern, dann nehmen die Stornierungen von Flügen zu. Viele Leute fürchten sich dann zu fliegen. Nach Kilometern gerechnet ist es wahrscheinlicher, dass man in einen tödlichen Verkehrsunfall mit dem Auto verwickelt wird. Wenn von einem Amoklauf mit Todesopfern an einer Schule berichtet wird, werden verschärfte Vorschriften gegen Waffenbesitz gefordert. Mehr Schulpsychologen sollen frühzeitig potentielle Amokläufer erkennen. Sogar Ganzkörper-Scanner wie bei der Sicherheitskontrolle auf Flughäfen werden erwogen, um vorbeugend zu enttarnen, ob jemand Waffen bei sich trägt. Die Wahrscheinlichkeit, dass ein Kind auf dem Schulweg im Verkehr verletzt oder getötet wird, ist vielfach höher.

Wir arbeiten bevorzugt mit Informationen, auf die wir leicht zugreifen können. Wenn sie zudem noch emotional aufgeladen und spektakulär sind, dominieren sie   lange Zeit unser Denken. Was heute an Daten im Internet von vielen   „gegoogelt" werden kann, gewinnt allein dadurch höhere Bedeutung – weil sie eben rasch und unkompliziert verfügbar sind.

Folge: Durch den Verfügbarkeits-Fehler werden leicht verfügbare oder aufwühlende Informationen bei Entscheidungen übergewichtet. Die Gefahr besteht, dass wir die wirklichen Risiken oder Chancen nicht erkennen und ungeeignete oder falsche Alternativen wählen.

3.7 Verlustaversion

Vielleicht haben Sie ein Wertpapierdepot mit ein paar Aktien. Ich wette, dann befinden sich darin einige, deren aktueller Wert unter dem Einstandspreis liegt. Die verkaufen Sie dennoch nicht. Sie hoffen, dass die Kure wieder steigen. Sie sitzen es aus. Kaufen Sie die gleichen Aktien zum niedrigen Kurs nach? Wenn nicht, handeln sie inkonsequent. Sie fürchten, den Verlust zu realisieren, nutzen aber mögliche Chancen nicht.

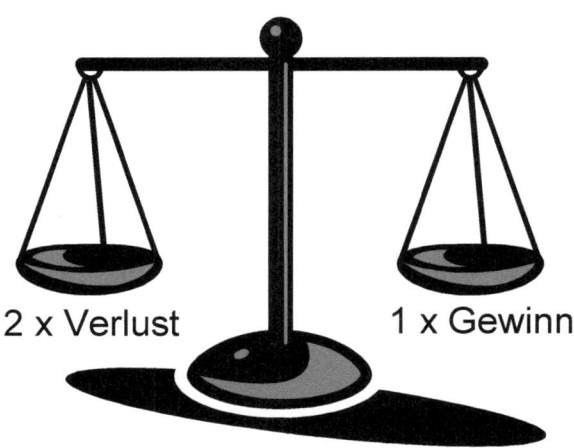

Abbildung 7: Verlustangst wiegt doppelt
Wir fürchten uns mehr vor einem Verlust, als wir einen Gewinn in gleicher Höhe schätzen. Psychologen haben durch Experimente herausgefunden, dass wir Verluste doppelt so hoch gewichten wie Gewinne. Diese Verlustangst führt dazu, dass wir an alten Entscheidungen hängen bleiben, obwohl eine Umorientierung objektiv besser wäre.

Wenn jemand eine Digitalkamera für hundert Euro gekauft hat und sieht die gleiche in einem anderen Geschäft für achtzig Euro, dann ärgert er sich. Er ärgert sich mehr als er sich freuen würde, wenn er eine für achtzig Euro gekauft hätte und würde die Kamera irgendwo anders für hundert Euro sehen. Viele hängen in einer unbefriedigenden Beziehung fest, und können sie nicht beenden. Sie meinen, dass dann all die finanziellen und emotionalen Investitionen verloren wären. Man hat festgestellt, dass wir einen Verlust emotional doppelt so schwer gewichten wie ein Gewinn in gleicher Höhe *(Abbildung 7: Verlustangst wiegt doppelt)*.

Folge: Durch unsere Verlustaversion hängen wir an unseren alten Entscheidungen, selbst wenn sie sich als verlustreich oder belastend herausgestellt haben. Wir akzeptieren unnötigem Ärger, anstelle dass wir einen Schlussstrich ziehen. Denn entscheidend ist nicht die Vergangenheit, sondern die Zukunft. Das gilt für Aktien und auch für zwischenmenschliche Beziehungen.

3.8 Wahrscheinlichkeits-Fehler

Ein Mann in mittleren Jahren wird wie folgt beschrieben: Er ist dezent gekleidet, hat schlanke gepflegte Finger, trägt eine randlose Brille und hört gerne Monteverdi, Bach und Händel. Was ist wahrscheinlicher: a) Der Mann ist Angestellter bei einer Versicherung oder b) er ist Organist und macht Kirchenmusik. Vielleicht tippen Sie auf b). Dann lägen Sie wahrscheinlich falsch. Denn es gibt wesentlich mehr Angestellte bei Versicherungen als Organisten, die Kirchenmusik machen. Sie haben die Grundverteilung nicht beachtet.

Jemand spielt im Kasino Roulette. Er setzt immer nur entweder auf die Farbe schwarz oder rot. Auf der Anzeigetafel über dem Tisch sieht man, dass bei den letzten sieben Spielen immer Rot gekommen ist. Wie setzt diese Person beim nächsten Spiel? Sehr viele würden nun auf Schwarz setzen in der Annahme, dass ja Rot und Schwarz immer im gleichen Verhältnis kommen müssen. Nach so vielen Rot wäre jetzt Schwarz dran. Es wird aber dabei vergessen, dass eine Roulettekugel kein Gedächtnis hat. Beim nächsten Spiel stehen die Chancen für Rot und Schwarz daher wieder gleich.

Folge: Der Wahrscheinlichkeits-Fehler verhindert, dass wir die Wahrscheinlichkeit eines Ereignisses oft falsch einschätzen. Wir vernachlässigen die statistische Verteilung von Merkmalen in einer großen Menge (siehe Anzahl Angestellte zu Organisten) oder wir beachten die objektiven Wahrscheinlichkeiten technischer Systeme nicht (siehe Roulette). Dadurch entscheiden wir uns oft für Alternativen, die eine geringere Eintrittswahrscheinlichkeit haben, als wirklich der Fall ist.

Es gibt natürlich noch viele weitere Denk- und Entscheidungsfallen, in die wir tappen können. Beispielsweise, dass wir in unseren Entscheidungen konsequent sein möchten, dass wir für Autoritäten- und Expertenmeinungen anfällig sind oder dass wir durch Sympathie für eine Person Dinge tun, die nach objektiven Kriterien unsinnig scheinen. In einer kurzweiligen Artikelserie in der *Frankfurter Allgemeinen Zeitung,* hat *Rolf Dobelli* weitere solcher Denkfehler beschrieben und danach in einem Buch mit dem Titel *Die Kunst des klaren Denkens* zusammengefasst (Dobelli 2011).

4 Wie könnten wir besser entscheiden?

4.1 Besäufnis oder Münzwurf

Von den Germanen sagt man, sie hätten wichtige Entscheidungen zweimal getroffen. Einmal in nüchternem Zustand nach dem Austausch von Meinungen und Argumenten mit ihren Stammesangehörigen. Dann hätten sie sich gemeinsam betrunken und in betrunkenen Zustand nochmals über den Sachverhalt entschieden. Nur wenn beide Entscheidungen übereingestimmt haben, wurde sie akzeptiert. Wenn nicht, begann die Prozedur von neuem. Nun können wir uns nicht immer betrinken. *Die Leber wächst mit ihren Aufgaben*, lautet zwar ein Buchtitel des Mediziners, Autors und Humoristen *Eckart von Hirschhausen (*1969)*, aber man sollte sich vielleicht doch nicht darauf verlassen.

Die einfachste Art zu entscheiden wäre, es dem Zufall zu überlassen. Sie könnten würfeln, eine Münze werfen oder es von anderen zufälligen Ereignissen der Umwelt abhängig machen. Wenn Sie beispielsweise sechs gleichwertige Urlaubsalternativen hätten, dann wäre das Auswürfeln des Urlaubsortes nicht die schlechteste Methode, um überflüssige Diskussionen mit Frau oder Mann und Kindern zu vermeiden. Vorausgesetzt, Sie haben vorher die Zustimmung eingeholt, dass das Würfelergebnis von allen akzeptiert wird.

Zu Beginn wurden kurz die fünf Entscheidungstypen erwähnt, wie sie der Verhaltensphysiologe und Entwicklungsbiologe *Gerhard Roth (*1942)* definiert hat *(Abbildung 8: Fünf Entscheidungstypen)*. Wir werden jetzt darauf näher eingehen. Ziel ist es nicht, alle Facetten zu erörtern und alle theoretischen Hintergründe offenzulegen. Ziel ist es, möglichst praktische Hinweise zu erhalten, wie man in bestimmten Situationen seine Entscheidungsfähigkeit verbessern kann.

❶ Automatisierte Entscheidung
⇨ z.B. Autofahren

❷ Emotionale Entscheidung
⇨ z.B. Einkaufen in Eile

❸ Gefühlsentscheidung
⇨ z.B. Wahl Ehe-/Lebenspartner

❹ Rationale Entscheidung
⇨ z.B. Anschaffung Investitionsgut

❺ Intuitive Entscheidung
⇨ z.B. Kauf Einfamilienhaus

Abbildung 8: Fünf Entscheidungstypen
Der Verhaltensforscher Gerhard Roth unterscheidet fünf Entscheidungstypen mit jeweils eigenen Kriterien. Für ihn sind „Bauchentscheidungen" und „intuitive Entscheidungen" nicht gleich. Die sind auch nicht besser – wie oft behauptet wird – als rationale Entscheidungen. Es kommt auf die Entscheidungssituation an.

4.2 Kribbeln im Bauch

Emotionen entstehen meist in Sekundenschnelle, erreichen rasch ihre Höhepunkte und klingen dann ebenso schnell wieder ab. In Kultur übergreifenden Untersuchungen hat man festgestellt, dass es weltweit sechs Grundemotionen gibt: Freude, Überraschung, Ärger, Abscheu, Traurigkeit und Angst. Viele Verhaltensforscher gehen daher davon aus, dass diese Emotionen bei allen normal entwickelten Menschen auftreten, also genetisch bedingt sind. Nicht immer ist uns bewusst, welche Emotionen wir haben. Mit dem schon erwähnten *FACS*, dem *Facial Action Coding System*, dem Codiersystem für Gesichtsbewegungen, kann man diese Diskrepanz feststellen und auf die wahren Emotionen der Person schließen.

Gefühle unterscheiden sich prinzipiell von Emotionen, obwohl sie häufig damit verwechselt werden. Wo liegt der Unterschied? Einmal flammen Emotionen rasch auf und erlöschen auch rasch wieder. Gefühle halten länger an. Der Neurowissenschaftler und Psychologe *António Damásio (*1944)* definiert Gefühle wie folgt (Damásio 2011, S. 122): *„Gefühle ... sind zusammengesetzte Wahrnehmungen dessen, was in unserem Körper und unserem Geist abläuft, wenn wir Emotionen haben. Was den Körper betrifft, so sind Gefühle nicht die Abläufe selbst, sondern Bilder von Abläufen."* Man könnte also sagen, dass Emotionen dann zu Gefühlen werden, wenn die betreffende Person sich ihrer Emotionen bewusst wird.

Emotionale Entscheidungen nennt man umgangssprachlich auch „Bauchentscheidungen". Es werden meist einerseits darunter sowohl emotionale Entscheidungen verstanden, die unter Zeitdruck zustande kommen aber auch solche, bei denen kein unmittelbarer Zeitdruck vorhanden ist. Beispiel: „Soll ich noch über die Straßenkreuzung fahren, obwohl die Ampel beim Heranfahren schon gelb zeigt, damit ich noch rechtzeitig zu meinem Termin komme?" Diese Entscheidung unterscheidet sich aber sicherlich von der emotionalen Entscheidung für einen Partner oder eine Partnerin aus Liebe. Untersuchungen zeigen, dass „Bauchentscheidungen" in der Regel nicht besser sind als Entscheidungen durch vernünftiges Abwägen (Roth 2011, S. 132). Eine so genannte „Bauchentscheidung" ist auch etwas anderes als eine intuitive Entscheidung, wie wir später noch erkennen werden.

4.3 Fünf Entscheidungstypen

4.3.1 Automatische Entscheidungen

Verhaltensforscher meinen, dass wir etwa neunzig Prozent unserer Entscheidungen automatisch fällen und nur zehn Prozent durch bewusste Überlegungen zustande kommen. Dies wäre so, als würden wir zwar als Pilot im Flugzeugcockpit sitzen, aber die meiste Zeit mit dem Autopiloten fliegen. Charakteristisch für automatisierte Entscheidungen ist, dass wir sie eingeübt haben, wir mit ihnen vertraut und sie nicht zu kompliziert sind.

Ein typisches Beispiel ist das Autofahren. Ein Fahrschüler oder Fahranfänger muss sich im Straßenverkehr noch bewusst stark konzentrieren. Nach einigen Monaten und besonders nach einigen Jahren Fahrpraxis denkt er kaum noch darüber nach, in welchen Situationen er schalten, Gas geben oder bremsen muss. Diese Reaktionen auf die Verkehrssituation laufen automatisch ab. Sie sind zu einer produktiven Routine geworden, zu einem Automatismus.

Wenn Sie das Zehn-Finger-System auf der PC- oder Schreibmaschinentastatur beherrschen, haben Sie sich durch wiederholtes Einüben und spätere Schreibpraxis einen Automatismus angeeignet. Sie finden die Tasten ohne nachzudenken. Sie haben später vielleicht sogar Mühe, sofort zu sagen, wo welcher Buchstabe sich an welcher Stelle der Tastatur befindet. Auch wenn Sie Tennis spielen, dann überlegen Sie auch nicht mehr lange, wohin sie laufen und wie Sie den Ball zurückschlagen möchten, es geht automatisch.

Diese eminent wichtige Entlastungsfunktion durch Automatismen hat auch Nachteile. Wenn man nämlich einen Automatismus erworben hat, der nicht optimal oder mit der Zeit sogar schädlich ist, stellt sich die Frage, wie man ihn wieder loswird. Mit dem Versand und dem bewussten Willen funktioniert das höchstens kurzfristig. Psychologen sehen als einzig Erfolg versprechenden Weg, dass man sich den Automatismus „abtrainiert", indem dem man als Ersatz einen anderen Automatismus „antrainiert" und dadurch den falschen Automatismus „überschreibt" und löscht. Und der Weg dazu lautet: üben, üben, üben, bis sich die neuen Abläufe, so etabliert haben, dass sie auch wieder automatisch und ohne weiteres Nachdenken ablaufen.

4.3.2 Emotionale Entscheidungen

Emotionale Entscheidungen mit Zeitdruck sind tief in uns durch unsere evolutionäre Vergangenheit eingegraben. Es sind Entscheidungen, die zu Handlungen führen wie: Flucht, Erstarren, Abwehr, Angriff, Resignation, Imponieren. Emotionen entstehen, wie wir bereits gesehen haben, im Limbischen System, einem Hirnbereich, der stammesgeschichtlich älter ist als unsere Großhirnrinde. Daher finden die Entscheidungen für eine Handlung und die daraus folgende Aktionen statt, bevor sich der Verstand einschalten kann. Das hat Vorteile. Wenn ein Kind auf eine vielbefahrene Straße rennt, wird die Mutter oder der Vater nicht groß die Vor- und Nachteile abwägen, sondern unmittelbar in Sekundenschnelle entscheiden, nachspringen und das Kind zurückreißen. Das wäre die positive Seite. Wenn ein Mitarbeiter äußerst verärgert ist über das Verhalten seines Chefs, haut er vielleicht mit der Faust auf dessen Schreibtisch und schreit aufgebracht: „Das lasse ich nicht mit mir machen!". Später bereut er möglicherweise diese Unbeherrschtheit. Das wäre die negative Seite.

Weil wir über die Auslöser der Entscheidung und der daraus folgenden Handlung keine Vernunftkontrolle haben, fällt es auch schwer, bei sich oder anderen Personen diese Reaktionen zu ändern. Es gibt dennoch etwas Hoffnung. Man kann zwar das Entstehen der Emotionen nicht abstellen, aber die vielleicht unangemessene Reaktion darauf. Eine empfohlene Verbesserungstechnik heißt: Desensibilisierung. Es ist eine psychologische Methode, die ursprünglich dazu verwandt wurde, um einen angsterregenden Reiz von der Angstreaktion zu entkoppeln. Wer beispielsweise weiß, dass er in bestimmten Situationen aufbrausend reagiert, kann sich in Gedanken immer wieder diese Situation vor Augen führen. Und ebenfalls in Gedanken kann er versuchen, sich seine gewünschte Reaktion vorzustellen. Dies übt man solange, bis bei der vorgestellten auslösenden Situation sich die erwünschte Reaktion fast automatisch gedanklich einstellt. In schwierigen Fällen ist dazu sicherlich die Unterstützung eines Psychologen hilfreich.

Soldaten beispielsweise werden auf Kampfeinsätze vorbereitet, indem man Kampfsituationen in Manövern trainiert. Abtrainiert wird zwar nicht die Angst, aber die automatische Reaktion, die unüberlegt aus Angstgefühlen heraus entstehen könnte. Wer lange genug dem Geratter von Maschinengewehren, Minenexplosionen und simulierte Flugzeugangriffen ausgesetzt war, gewöhnt sich daran und handelt nicht mehr völlig kopflos. Man wird allerdings dadurch auch abgestumpft. Die Vorteile überwiegen aber hier die Nachteile. Panikverhalten ist immer hochgradig riskant.

4.3.3 Gefühlsentscheidungen

Emotionen sind, wie wir gesehen haben, unbewusste und automatisch entstandene Befindlichkeiten als Reaktionen auf auslösende Reize. Gefühle dagegen sind, wie es *Damásio* definiert hat, die bewusste Wahrnehmung und Interpretation dieser Emotionen. Sie, die Gefühle, sind daher mit Aktivitäten in der Großhirnrinde verbunden. Doch die eigentliche Quelle ist immer das Limbische System. Emotionale Entscheidungen ohne Zeitdruck wären damit eigentlich Gefühlsentscheidungen.

„Höre auf dein Herz, dein Gefühl, deinen Bauch ...", so lauten die Ratschläge in einigen Büchern, die sich von rationalen Entscheidungen abwenden. Natürlich kommen wir gar nicht umhin, in manchen Situationen diesen Rat ernst zu nehmen. Besonders dann, wenn die Situation unübersichtlich ist, viele Kriterien berücksichtigt werden müssen und die Entscheidungssituation uns den Kopf verwirrt. Es kommt beispielsweise wohl äußerst selten vor, dass man seinen Mann oder seine Frau aufgrund einer umfangreichen Checkliste gesucht und ausgewählt hat. Wenn wir Kleider kaufen oder ein Elektrogerät, dann pflegen wir vielleicht die Illusion, wir würden rational und vernünftig handeln. Aber es ist nachgewiesen, dass selbst bei Investitionsgütern das Gefühl und die Emotionen eine beachtliche Rolle spielen.

Das Risiko einer falschen Entscheidung ist manchmal recht hoch. Man betrachte nur die bedauerliche Tatsache, dass die Anzahl Ehescheidungen etwa halb so hoch ist, wie Eheschließungen, das Risiko eines Fehlschlages also bei etwa fünfzig Prozent liegt. Und gewiss gibt es auch in Ihrem Kleiderschrank Stücke, die gar nicht oder kaum getragen worden sind und auf die Ausmusterung warten. Wer nur unreflektiert nach Gefühl entscheidet, kann aus seinen Fehlern auch nicht lernen. Denn es gibt dann eben keine objektiven Kriterien, an denen man seine Entscheidung nach der Entscheidung messen kann.

Wie kann man Gefühlsentscheidungen verbessern? Eine Regel lautet: Entscheiden Sie nur nach Gefühl, wenn nicht zu viel auf dem Spiel steht und Sie eine Fehlentscheidung voraussichtlich verkraften können, finanziell und emotional. Eine weitere Regel wäre: Versuchen Sie eine unübersichtliche Situation auf eine noch überschaubare Zahl Kriterien zu reduzieren, drei bis maximal sieben. Machen Sie aus einer Gefühlsentscheidung eine intuitive.

4.3.4 Rationale Entscheidungen

„Emotionen und Gefühle sind die Gegner rationaler, vernünftiger Entscheidungen. Sie haben nichts dabei zu suchen", so wird oft argumentiert. Aber wir haben ja schon kennengelernt, das Denken ohne Emotionen und Gefühle gar nicht möglich ist. Das liegt am Aufbau unseres „dreieinigen" Gehirns, bestehend aus Stammhirn, Zwischenhirn oder Limbisches System und Großhirn oder Großhirn-rinde. Der Wissenschaftsautor *Hoimar von Ditfurth (1921 – 1989)* hat es in seinem Buch *Der Geist fiel nicht vom Himmel* so ausgedrückt

(Ditfurth 1985, S. 245): *„Stirnhirn und übrige Hirnrinde mögen noch so hoch entwickelt und vervollkommnet sein. Sie haben keinen direkten Zugang zur Außenwelt ... Zwischen der Welt und die Großhirnrinde haben die Götter das Zwischenhirn gesetzt."*

Was sind allgemeine Merkmale rationaler Entscheidungen? Erstens geht man davon aus, dass die Anzahl der Entscheidungskriterien noch überschaubar ist. Ob dies fünf, zehn oder fünfzehn Kriterien sein können, hängt von der Entscheidungssituation ab. Wenn es aber über dreißig Kriterien wären, wird es auch bei den rationalen Methoden unübersichtlich. Zweitens ist eine rationale Entscheidung von Dritten nachvollziehbar. Sie ist weitgehend entkoppelt von subjektiven Kriterien, von Gefühlen, die für außenstehende Personen nicht oder nur schwer nachvollziehbar sind. Dazu muss man allerdings etwas Aufwand betreiben, wie wir gleich sehen werden. Für die meisten praktischen Situationen genügen allerdings einfache Tabellen und die Grundrechenarten. Wir werden jetzt ein paar Techniken näher betrachten.

Vorbereitung der Entscheidung

Regel Nr. 1: Verschaffen Sie sich Klarheit über Ihre Ziele. Schriftlich! Eine rationale Entscheidung beginnt eigentlich vor der Entscheidung. Sie beginnt damit, dass man sich klar macht, was man eigentlich will. Wenn ich mich für eine neue Stelle entscheide, dann muss ich wissen, was mir besonders wichtig ist. Ist es das höhere Gehalt? Ist es die Chance, eine Hierarchieebene höher zu steigen? Ist es die Firma, die einen ausgezeichneten Ruf hat und zu der ich unbedingt will – auch bei weniger Gehalt und keiner Beförderung? Oder will ich die Stelle nur wechseln, weil ich in die Nähe meines Lebenspartners oder meiner Lebenspartnerin ziehen will?

Regel Nr. 2: Bestimmen Sie die möglichen Einflussfaktoren. Schriftlich! In vielen Entscheidungssituationen meint man zwar, man hätte die wichtigsten Einflussfaktoren, die Vor- und Nachteile „im Kopf". Das ist eine trügerische Illusion. Es ist uns nur möglich, wenige Fakten gleichzeitig präsent zu haben. Fünf bis sieben sind die Obergrenze, wie Lernpsychologen herausgefunden haben. Daher ist es wichtig, dass man sich diese Einflussfaktoren schriftlich in Stichworten notiert. Wenn sehr viele zusammen gekommen sind, kann man versuchen, Gruppen zu bilden unter je einer gemeinsamen Überschrift.

Regel Nr. 3: Wählen Sie die angemessene Methode! Erst jetzt kann man darangehen, mit diesen Informationen einige Entscheidungstechniken einzusetzen. Es gibt nicht die eine richtige Methode. Das bestimmt die Entscheidungssituation. Neben Rechenmodellen der Entscheidungs- und Spieltheorie, die recht viel mathematischen Aufwand erfordern, reichen in der Praxis oft einfache Methoden, die mit weniger Aufwand durchführbar sind. Dazu muss man sie allerdings auch kennen.

Wir werden nun ein paar Methoden näher betrachten, die sowohl privat als auch beruflich leicht eingesetzt werden können. Danach kommen ergänzend weitere etwas aufwändigere rationale Entscheidungsmethoden hinzu. Manche davon scheinen vielleicht trivial und erfordern nur wenig Aufwand. Sie sind dennoch recht hilfreich. Erläutert werden Methoden anhand von konkreten Beispielen: Sie suchen einen Namen für ein Produkt und haben mehrere Vorschläge zur Auswahl; Sie müssen für eine Veranstaltung ein Seminarhotel aussuchen und dabei verschiedene Kriterien berücksichtigen; Sie wollen Ihre Stelle wechseln und haben zwei Angebote vorliegen, zwischen denen Sie sich entscheiden müssen; Sie haben geerbt und wollen Ihr Geld mit geringstem Risiko anlegen.

Entscheidung bei gleichwertigen Alternativen

Nehmen wir an, Sie müssten unter verschiedenen Alternativen einen Namen für ein neues technisches Produkt vorschlagen. Oder aber, was ähnlich wäre, sie müssten sich für den Vornamen Ihres erwarteten Kindes entscheiden. Sie können nun lange darüber diskutieren, ohne zu einem Ergebnis zu kommen. Hier ein möglicher Lösungsvorschlag *(Abbildung 09: Entscheidung für einen Produktnamen)*:

Produktname ⇩		Produktname								Anzahl	Rang
		A	B	C	D	E	F	G	H		
A	ALTOMUS		B	A	A	A	F	A	A	5	2
B	CATOS			B	B	B	B	G	H	5	2
C	MANULE				E	C	C	G	C	3	4
D	NAXES					D	D	G	H	2	6
E	PHONTEX						E	G	H	1	6
F	SEXTOM							G	H	0	7
G	SINTAP								G	6	1
H	SUCERIS									4	3

Abbildung 9: Entscheidung für einen Produktnamen
Wenn mehrere gleichwertige Alternativen zur Wahl stehen, kann man durch einen Vergleich jeder Alternative mit jeder (Paarvergleich) die richtige Alternative finden. Für die Methode genügt eine einfache Tabelle mit gleicher Zeilen- und Spaltenbeschriftung. (Detailerläuterung siehe Text)

Sie erstellen eine Tabelle, in der Sie pro Zeile einen Namen eintragen. Dann bezeichnen Sie die Spalten mit den gleichen Namen. Sie haben damit eine Tabelle, eine Matrix gebildet mit Zeilen und Spalten. Nun fragen Sie sich bei dem Namen ALTOMUS (A), ob der ihnen besser oder schlechter gefällt, als der Name CATOS (B). Gefällt ihnen CATOS besser, dann tragen sie dort, wo die Zeile ALTOMUS (A) die Spalte CATOS (B) kreuzt, ein B ein, weil Sie den Namen CATOS besser finden. Dann fragen Sie, ob Ihnen MANULE (C) besser gefällt als ALTOMUS. Wenn Ihnen ALTOMUS besser gefällt, dann tragen Sie dort, wo die Zeile ALTOMUS (A) die Spalte MANULE (C) kreuzt, ein A ein, weil Sie den Namen ALTOMUS besser finden. So arbeiten Sie für eine Zeile die Spalten durch und dann nach gleichem Schema die nächsten Zeilen. Zum Schluss addieren Sie in der dargestellten Weise pro Zeilenname die Nennungen des entsprechenden Namens. Der Name, der die höchsten Nennungen erreicht hat, wurde am besten gefunden. Er ist Ihre Namensentscheidung. Im Beispiel ist es der Name SINTAP.

Auch privat kann diese Methode helfen. Würden Sie beispielsweise als Frau mehrere Männer kennen, bei denen eine engere Beziehung vorstellbar wäre, oder als Mann mehrere Frauen, dann könnten Sie ähnlich vorgehen. Anstelle der Produktnamen setzt man einfach die Namen der potentiellen Partner(innen) ein. Voraussetzung ist dabei allerdings, dass Sie Ihre Männer oder Frauen bisher als weitgehend gleichwertig angesehen haben. Da man sich hier nicht im Detail über die einzelnen Eigenschaften und Fähigkeiten der Partner(in) Rechenschaft ablegt, wäre diese Entscheidung eine intuitive Entscheidung, die weiter unten noch erläutert wird.

Entscheidung bei gleichwertigen Kriterien

Nehmen wir an, Sie müssten für eine Fortbildungsveranstaltung ein geeignetes Hotel organisieren *(Abbildung 10: Entscheidung für ein Hotel)*. Dabei ist nicht nur der Preis wichtig. Auch anderer Kriterien müssten beachtet werden wie: Lage, Reisekosten und –Zeit der Teilnehmer, Komfort auf den Zimmern, Verpflegung, Größe und

Anzahl von Arbeitsräumen und die Gerätetechnik. Vier Hotels sind in der engeren Auswahl. Andere sind vorher schon ausgeschieden, weil sie gewünschte Mindeststandards nicht erfüllen. Bei vier Hotels und sieben Kriterien, wie im Beispiel, sind achtundzwanzig Detailbewertungen vorzunehmen. Als Zeilennamen nehmen sie die Kriterien wie Preis, Lage etc. Als Spalten nehmen Sie die Hotels. Nun vergeben Sie in einem Bereich zwischen Eins und Zehn Punkte pro Kriterium und Hotel. Eins bedeutet, sehr schlecht erfüllt und Zehn sehr gut erfüllt. Pro Hotel addieren Sie dann die Punkte. Sie entscheiden sich für das Hotel mit der höchsten Punktezahl. Beachten muss man, dass eine für Sie positive Ausprägung eines Kriteriums immer eine hohe Punktezahl erhält.

Nr	Kriterium ⇩	Alternativen			
		Hotel Moosland	Hotel Seeblick	Hotel Alpenhof	Hotel Heidehof
1	Seminarpauschale (günstig, nicht über 150 € pro Tag)	5	4	6	10
2	Lage Seminarhotel (ruhig, außerhalb Stadtgebiet)	8	6	9	10
3	Reisekosten Teilnehmer (möglichst niedrig)	6	4	4	5
4	Unterkunft (möglichst komfortabel)	6	9	7	6
5	Essen/Verpflegung (möglichst abwechslungsreich)	6	6	7	8
6	Seminarräume (1 großer und 4 kleine für Gruppenarbeit)	10	8	9	6
7	Präsentationstechnik (Beamer, Overhead, Flipchaft)	10	7	7	9
	Summe Bewertungspunkte	51	44	49	54

Abbildung 10: Entscheidung für ein Hotel
Wenn die Entscheidungskriterien mehr oder wenig gleich wichtig sind, genügt eine einfache Tabelle. Je nach Erfüllung erhalten die Kriterien pro Hotel eine Punktezahl von 1 bis 10. Die Entscheidung fällt auf das Hotel mit der höchsten Punktezahl. (Detailerläuterung siehe Text)

Man nimmt hier an, dass die einzelnen Kriterien etwa gleich bedeutsam für die Entscheidung sind. Das bedeutet, dass eine niedrige Punktezahl bei einem Kriterium durch eine höhere bei einem anderen kompensiert werden kann. Die Methode könnte im Geschäft auch für die Entscheidung zwischen verschiedenen Bewerbern helfen. Und man könnte sie auch einsetzen bei der Entscheidung für einen (Lebens-)Partner oder –partnerin. Als Zeilenbeschriftung würden die persönlichen Eigenschaften stehen, die für die Entscheidung wichtig sind. Als Spaltenbeschriftungen stehen die Namen der betreffenden Personen. Etwas aufwändiger wird es, wenn die Kriterien für die Entscheidung unterschiedliches Gewicht haben. Wie das geht, sehen wir gleich am folgenden Beispiel.

Kriterien mit unterschiedlichem Gewicht

Wenn Sie berufstätig sind oder waren, haben Sie möglicherweise schon das ein oder andere Mal die Stelle gewechselt. Nun sind die Motive für einen Stellenwechsel sehr verschieden. Eine einfache Methode ist es, einfach die Vor- und Nachteile gegeneinander abzuwägen. Man kann das „im Kopf" machen, besser ist es, wenn man das niederschreibt. Es genügt eine einfache Tabelle mit zwei Spalten. In einer Spalte trägt man die Vorteile ein, in die andere die Nachteile. Wenn man nach ein paar Stunden oder Tage diese Niederschrift nochmals durchgeht, kann man Ergänzungen oder Streichungen vornehmen. Zumindest hat man sich systematisch mit der Entscheidungssituation beschäftigt. Man könnte dann seine Entscheidung treffen, ohne dass man sich weiter darüber Rechenschaft ablegt, wie die Entscheidung zustande kam. Das wäre dann, wie wir noch sehen, eine intuitive Entscheidung.

Anders sieht es aus, wenn Sie den einzelnen Kriterien unterschiedliche Bedeutung beimessen. Ist Ihnen Karriere wichtiger als mehr Gehalt? Wie bedeutsam ist der Verlust des Freundeskreises, wenn Sie umziehen müssen? Und was sagt Ihre Familie dazu? Im Beispiel *(Abbildung 11: Entscheidung für einen Arbeitgeber)* sind sieben Kriterien aufgeführt, die bei der Entscheidung berücksichtigt werden sollen. Und in der Endauswahl stehen noch zwei Firmen, A und B. Andere sind schon ausgeschieden, weil sie bestimmte Mindestanforderungen, sogenannte k.o.-Kriterien, nicht erfüllen.

Sie können nun in einem ersten Schritt genauso vorgehen, wie bei der Auswahl des Seminarhotels. Sie vergeben in einer Skala zwischen Eins bis Zehn pro Kriterium und Firma Punkte. Dann addieren Sie diese Punkte und kommen bei Firma A auf 39 und bei Firma B auf 46. Demnach müssten Sie zu Firma B gehen.

Nr	Kriterium ⇩	Gewicht Summe = 100%	Firma A		Firma B	
			Punkte ungewichtet	Punkte gewichtet	Punkte ungewichtet	Punkte gewichtet
1	Beruflicher Karriereschritt (1 = nein, 10 = sehr groß)	20%	7	1,4	5	1,0
2	Einkommenserhöhung (1 = keine, 10 = sehr groß)	5%	3	0,2	9	0,5
3	Solidität des Unternehmens (1 = sehr schlecht, 10 = sehr gut)	20%	8	1,6	6	1,2
4	Verlust des Freundeskreises (1 = sehr wahrscheinlich, 10 = nein)	15%	5	0,8	7	1,1
5	Umzug in andere Stadt (1 = weit weg, 10 = nicht nötig)	5%	4	0,2	9	0,5
6	Familie ist einverstanden (1 = nein, 10 = voll und ganz)	25%	6	1,5	3	0,8
7	Gefühl insgesamt Wechsel (1= mulmig, 10 = sehr gut)	10%	6	0,6	7	0,7
	Summe Bewertungspunkte	100%	39	6,2	46	5,6

Abbildung 11: Entscheidung für einen Arbeitgeber
Bei der Entscheidung für einen Arbeitgeber haben die Kriterien nicht alle die gleiche Bedeutung. Für die eine Person wäre es vielleicht das höhere Einkommen, für die andere eine Möglichkeit, den nächsten Karriereschritt zu machen. Die unterschiedliche Bedeutung wird durch eine Gewichtung der Kriterien berücksichtigt. (Detailerläuterung siehe Text)

Aber die einzelnen Kriterien sind ja verschieden wichtig. Diese unterschiedliche Bedeutung wird in der Spalte „Gewicht" notiert. Die Summe aller „Gewichte" beträgt hundert Prozent. Diese hundert Prozent werden nun verteilt auf die einzelnen Kriterien. So wäre beispielsweise ein Karriereschritt beim Stellenwechsel mit dem Gewicht zwanzig Prozent höher bewertet als eine Einkommenserhöhung mit nur fünf Prozent. Das größte Gewicht hätte im Beispiel mit fünfundzwanzig Prozent, wie die Familie das sieht.

Neben der Spalte „Punkte ungewichtet" gibt es pro Firma eine weitere Spalte „Punkte gewichtet". Die gewichtete Punktezahl erhält man, indem man die ungewichteten Punkte pro Kriterium und Firma mit dem Prozentsatz multipliziert. Beispiel: Bei Firma A haben Sie dem Kriterium „beruflicher Karriereschritt" die Punktezahl 7 gegeben. Das „Gewicht" dieses Kriteriums ist 20 Prozent. Um die gewichtete Punktezahl zu erhalten wird die 7 mit 20 Prozent, also 0,2 multipliziert. Ergebnis ist die gewichtete Punktezahl 1,4 (= 7 x 0,2). So geht man Kriterium für Kriterium pro Firma durch. Zum Schluss werden die gewichteten Punktezahlen addiert. Jetzt liegt Firma A vorn mit 6,2 gewichteten Punkten gegenüber Firma B mit nur 5,6. Die Entscheidung würde nun auf Firma A als künftigen Arbeitgeber fallen.

Auch hier könnte diese Methode für Partner- oder Bewerberauswahl angewandt werden, ebenso für die Auswahl eines Urlaubsortes. Denn nicht jede Eigenschaft oder Fähigkeit ist bei solch einer Entscheidung gleich wichtig. Doch eine Mahnung zur Vorsicht: Wenn beispielsweise bei der Partnerwahl die andere Person merken sollte, dass man sich aufgrund solch einer Methode für sie entschieden hat, ist sie vielleicht sauer. Denn man möchte ja als ganze Person geliebt werden und nicht wegen bestimmter Eigenschaften. Doch selbst wenn man keine bewusste Bewertung einer Beziehung durchführt – unbewusst geschieht es dennoch.

Entscheidung nach geringstem Risiko

Wir kommen nun zu einer Entscheidungstechnik, bei der noch etwas mehr Überlegungen erforderlich sind. Die Darstellung und Vorgehensweise ist ein Grundmodell, auf dem viele weitere Methoden aufbauen, die so fremdartig klingende Bezeichnung haben wie: Hurwicz-Regel, Savage-Niehans-Regel, Laplace-Regel oder Bayes-Regel. Es sind Namen, meist abgeleitet von den Personen, die diese Regeln entdeckt oder publik gemacht haben. Wir lernen hier erst einmal das Grundschema kennen, das in vielen Fällen durchaus ausreicht.

Betrachten wir auch hier die Methode anhand eines praktischen Beispiels *(Abbildung 12: Verwendung einer Erbschaft)*: Nehmen wir an, Sie hätten eine Erbschaft gemacht. Das Geld wollen Sie anlegen. Nehmen wir weiter an, es stünden drei Anlagemöglichkeiten zur Diskussion. Einmal könnten Sie eine Wohnung kaufen und sie vermieten. Dann hätten Sie die Möglichkeit, dem Beratungsunternehmen eines Bekannten ein Darlehen zu geben, dessen Verzinsung variabel ist. Und schließlich könnten Sie Aktien kaufen. Die Entwicklung Ihrer Anlage hängt ab von der gesamtwirtschaftlichen Entwicklung, der Konjunktur. Sie wollen prüfen, wie sich die drei Konjunkturszenarios (Wachstum, Stagnation und Rezession) auf Ihre jeweilige Geldanlage auswirken. Sie wollen auch bei ungünstigen Umständen die dann noch bestmögliche Lösung.

Im Kopf kann man diese Entscheidungsaufgabe nicht mehr lösen. Nachdenken darüber ist mehr verwirrend wie klärend. Wie gehen wir hier vor *(Abbildung 13: Anlageentscheidung mit geringstem Risiko)*? In einem ersten Schritt zeichnet man wieder eine Matrix, ähnlich der Aufgabe bei der Auswahl des Seminarhotels. Als Beschriftung der Zeilen werden die verschiedenen Anlagemöglichkeiten gewählt, also: Immobilie, Darlehen, Aktien. Als Spaltenbezeichnung nimmt man die verschiedenen möglichen Zustände der wirtschaftlichen Konjunktur, also: Wachstum, Stagnation, Rezession.

Die Geldanlagemöglichkeiten können Sie selbst beeinflussen. Es sind ihre Handlungsalternativen, ihre Aktionen. Alle drei Möglichkeiten zusammen sind der „Aktionsraum". Die Konjunktur können Sie als Einzelperson nicht beeinflussen. Denn die einzelnen Konjunkturzustände sind äußere Zustände, die eintreten können. Alle drei Zustände, also Wachstum, Stagnation, Rezession, ergeben zusammen den „Zustandsraum".

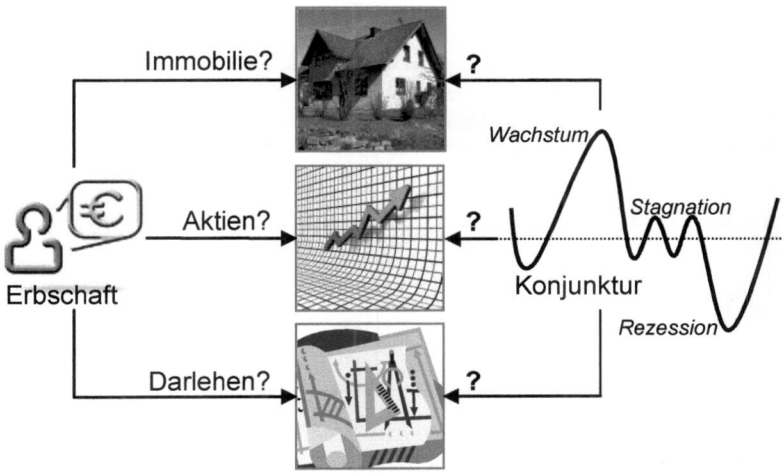

Abbildung 12: Verwendung einer Erbschaft
Eine Erbschaft soll angelegt werden. Als Anleger kann man entscheiden, welche Alternative man wählt (= Aktionsraum). Nicht beeinflussen kann man, wie sich die Konjunktur und damit der Ertrag der Anlage entwickelt (= Zustandsraum). Es muss daher betrachtet werden, wie sich die möglichen Zustände (Wachstum, Stagnation, Rezession) auf die Anlageentscheidung (Immobilie, Aktien, Darlehen) auswirken könnten.

Für jede Kombination Aktion mit Zustand wird nun ermittelt, welchen Gewinn Sie mit Ihrer Geldanlage erwarten. Wie man diese Werte errechnet, wäre ein separates Thema, auf das wir hier nicht näher eingehen wollen. So erwarten Sie bei guter Konjunktur bei der Mietwohnung einen Gewinn von 60.000 Euro, bei Rezession einen Verlust von 10.000 Euro. Die Aktien würden beispielsweise bei Stagnation der Konjunktur, also bei keinem Wachstum, einen Gewinn von 30.000 Euro versprechen. Alle Werte in unserer Matrix, hier die erwarteten Gewinne, sind Ergebnisse. Alle Ergebnisse beschreiben den „Ergebnisraum". Natürlich müssten Sie in unserem Beispiel für die verschiedenen Anlagealternativen immer den gleichen Zeitraum betrachten. Sonst wären die Ergebnisse nicht vergleichbar.

Konjunkturzustand ⇨ ⇩ Investisionsalternative	z_1: Wachstum	z_2: Stagnation	z_3: Rezession	Je schlechteste Lösung
a_1: Kauf Immobilie in Stadt ABC	60.000 €	10.000 €	-10.000 €	-10.000 €
a_2: Darlehen an Beratungsunternehmen	40.000 €	50.000 €	60.000 €	40.000 €
a_3: Kauf Aktien der Gesellschaftz XYZ	20.000 €	30.000 €	80.000 €	20.000 €

a_i = Handlungsalternativen (Welche Wahl habe ich?)
z_j = Zustände (Was könnte passieren?
e_{ij} = Ergebnisse (Wie wirkt das auf das Ergebnis?)

40.000 €
Maximum der Minima

Abbildung 13: Anlageentscheidung mit geringstem Risiko
Pro Anlagealternative und Konjunkturzustand wird ermittelt, welcher Ertrag zu erwarten ist. Dann wird pro Anlage das schlechteste Ergebnis ausgewählt und aus diesen schlechten Ergebnissen das bessere (in der Abbildung: 40.000 €). Bei einer Entscheidung für diese Anlage (in der Abbildung: Darlehen an Beratungsfirma) wäre unter allen Umständen dieser Gewinn möglich. (Detailerläuterung siehe Text)

Die Entscheidungsfrage ist nun, welche Alternative Sie wählen müssten, damit im ungünstigen Fall Sie den dann noch möglichen höchsten Gewinn erzielen. Was Sie also suchen, ist das beste Ergebnis aus den schlechtesten. Wenn Sie sich beispielsweise für den Kauf der Mietwohnung entscheiden würden, was wäre dann das schlechteste zu erwartende Ergebnis? Es sind 10.000 Euro Verlust. Bei dem Darlehen wären es 40.000 Euro Gewinn und bei den Aktien 20.000 Euro Gewinn. Das beste Ergebnis aus den schlechtesten wären damit 40.000 Euro. Wenn Sie sich für das Darlehen entscheiden würden, würden Sie niemals weniger als 40.000 Euro Gewinn machen. Dies wäre Ihre Entscheidung. Die Methode wird MaxiMin-Regel genannt, weil Sie das Maximum aus den Minima suchen.

4.3.4 Intuitive Entscheidungen

Wir haben bisher die Automatismen betrachtet, dann emotionale und Gefühlsentscheidungen und zuletzt einige Methoden der rationalen Entscheidungstechnik. Verbleiben uns noch die intuitiven Entscheidungen. Was ist an ihnen charakteristisch und wann könnte man sich auf seine Intuition verlassen? Doch zuvor müssen wir ein gemeinsames Verständnis darüber finden, was mit der Bezeichnung „Intuition" überhaupt gemeint ist.

Was ist Intuition?

In einem Wörterbuch der Psychologie findet man folgende Beschreibung (Pössiger 1982, S. 99): *„Intuition: Spontane Eingebung. Mutmaßung, unmittelbare Anschauung. Ein nicht auf wissenschaftlichen Berechnungen und logischen Schlüssen, sondern auf subjektiven Faktoren basierendes instinktives Erfassen, das Sachverhalte klärt, Zusammenhänge deutlich macht und neue Möglichkeiten eröffnet."* Es wird dann noch auf den Begriff Inspiration verwiesen. Dort steht (Pössiger 1982, S. 96): *„Inspiration: Eingebung, Einfall, spontaner*

Gedanke, plötzliche Einsicht, insbesondere unvermittelte künstlerische, wissenschaftliche oder auch religiöse Idee." Von hier wird dann wiederum auf den Begriff Intuition verwiesen. Intuition und Inspiration scheinen also irgendwie zusammen zu hängen.

Der Psychologe und Verhaltensforscher *Gerd Gigerenzer (*1947)* schreibt als einer der ersten Sätze in seinem Buch *Bauchentscheidungen* folgendes (Gigerenzer 2008, Klappentext): *„Intuition ist ein gefühltes Wissen, das plötzlich ins Bewusstsein gelangt, dessen tiefe Gründe man selbst nicht kennt und das dennoch stark genug ist, uns zum Handeln zu bewegen."*

Intuition in Verbindung mit Inspiration wurde in zurückliegenden Jahrhunderten für gläubige Menschen oft auch gleichgesetzt mit „göttlicher Eingebung". Denn es war ihnen unerklärlich, wie jemand zu einer Idee oder Entscheidung gekommen war. Und auch heute noch hält sich dieser Gedanke. So schreibt ein Autor im Internet (Nagel 2011) unter der Überschrift *Intuition – Die Stimme der inneren Helfer* folgendes: *„Spirituell eingestellte Menschen betrachten die Intuition oder den Sechsten Sinn als eine Fähigkeit der ´Seele´, ein unendliches Informationsreservoir außerhalb der physischen Existenz. [...] Es ist für die Entfaltung der Intuition förderlich, wenn man sich bei allen geeigneten Gelegenheiten die Einheitsschau mit der Umgebung einübt. Man stellt sich vor, dass man Teil des Großen Ganzen ist."*

Intuitionsforscher sehen das etwas nüchterner. Der Neurowissenschaftler *John-Dylan Haynes (* 1971)* am *Bernstein Center for Computational Neuroscience* , Berlin, meint (Schulz 11.2.2011): *„Eingebungen können uns nur dann helfen, wenn wir uns vorher intensiv mit einem Problem beschäftigt haben. Das Bauchgefühl ist keine Erkenntnis, die sich aus dem Übersinnlichen speist und bei der man sich keine Mühe geben muss."* Zwar setzt hier *Haynes* Bauchgefühlt mit Intuition gleich, was *Gigerenzer* etwas anders sieht. Es gilt jedoch die Aussage: Wenn wir einen „spontanen" Einfall haben zur Lösung eines Problems, zu einer Entscheidung, dann sind es sicherlich nicht übersinnliche Eingebungen einer wie immer gearteten höheren Macht.

Intuition als Gehirnfunktion

Hirnforscher lokalisieren Intuition als eine Funktion der rechten Gehirnhälfte, genauer der rechten Hälfte unserer Großhirnrinde *(Abbildung 14: Sitz der Intuition im menschlichen Gehirn)*. Es sind unbewusste oder nicht mehr bewusste Informationen und Erfahrungen, die ins Bewusstsein rücken. Und dies kann nicht willentlich hervorgerufen werden. Idee, Lösung oder Entscheidung kommen spontan und oft dann, wenn wir uns nicht mehr bewusst mit dem Thema beschäftigen.

Damit unterscheiden sich intuitive Entscheidungen ganz wesentlich von emotionalen Entscheidungen oder den sogenannten Gefühlsentscheidungen. Die nämlich haben, wie dargelegt wurde, ihre Ursache in den stammesgeschichtlich ältesten Gehirnbereichen, dem Limbischen System. Intuitive Entscheidungen entstehen in Gehirnbereichen, die wesentlich jünger sind, in der Großhirnrinde.

Die Frage wäre, ob wir uns daher auf intuitive Entscheidungen mehr verlassen könnten, als auf andere? Die einfache Antwort ist: Nein. Denn solche Entscheidungen nutzen häufig geistige Abkürzungen, sogenannte Heuristiken, wie die Psychologen sie nennen, im Volksmund auch: Daumenregeln. Einige davon haben wir schon als Denk- und Urteilsfallen kennengelernt, die uns in die Irre leiten können.

Vorgehensweise bei intuitiven Entscheidungen

Wir können auf unsere Intuition nur dann einigermaßen verlässlich bauen, wenn: a) wir mit rationalen Überlegungen nicht zu einer Entscheidungen kommen konnten; b) wir Erfahrung auf dem Gebiet haben, in dem wir entscheiden müssen, ob praktische oder theoretische; c) wir nicht oder nicht mehr in der Lage sind, die vielfältigen Einflussfaktoren und ihre gegenseitige Einwirkungen zu überblicken; und d) wenn wir bei weniger kritischen Entscheidungen mit Intuition bisher schon positive Erfahrung gemacht haben. Das Unterbewusste arbeitet dann verlässlicher für uns, wenn wir es vorher mit Informationen und Regeln füttern, wenn wir uns um eine Lösung bewusst bemüht haben. Und dazu gehören auch die rationalen Entscheidungstechniken, von denen wir einige schon kennen gelernt haben. Sich nur auf seine „Intuition" zu verlassen, ist oft nicht anderes als eine Ausrede für Denkfaulheit. Denn es ist eben etwas mühsam, ein Problem verstandesmäßig zu durchdringen.

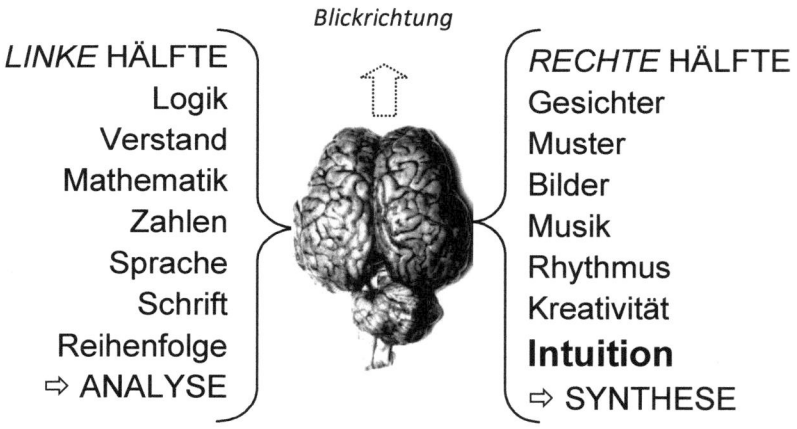

Abbildung 14: Sitz der Intuition im menschlichen Gehirn
Das menschliche Gehirn besteht aus einer rechten und linken Gehirnhälfte, verbunden durch einen dicken Nervenstrang. Intuition lokalisieren Gehirnforscher in der rechten Hälfte der Großhirnrinde, dem evolutionär jüngsten Bereich. Intuition erfordert, dass man sich vorher mit dem Problem bewusst gedanklich intensiv beschäftigt hat. Intuitive Entscheidungen unterscheiden sich daher prinzipiell von emotionalen Entscheidungen, die den Ursprung in den älteren Gehirnbereichen haben.

Die Schritte zur besseren Nutzung der Intuition sehen wie folgt aus: 1. Sammeln Sie die verfügbaren Informationen zu dem Entscheidungsproblem. 2. Versuchen Sie festzustellen, wie sich die Fakten auf das Problem auswirken könnten. 3. Verwenden Sie dann rationale Entscheidungstechniken, auch wenn die möglicherweise nicht zu einem befriedigenden Ergebnis führen. 4. Lassen Sie nun das Entscheidungsproblem ruhen. Arbeiten Sie an anderen Themen oder entspannen Sie sich. 5. Beschäftigen Sie sich nach ein paar Stunden oder Tagen nochmals mit dem Entscheidungsproblem und treffen Sie nun (intuitiv) die Entscheidung.

Nur wer also schon etwas über den Sachverhalt oder das Problem weiß, über die er entscheiden muss oder will, kann auf seine Intuition bauen. Ansonsten würde er handeln wie jemand, der mit verbundenen die Augen und zugestopften Ohren über eine vielbefahrene Straße gehen soll. Es könnte klappen. Aber wahrscheinlich ginge es schief.

5 Bisherige Erkenntnisse

5.1 Zusammenfassung

Blicken wir nochmals zurück auf unsere bisherigen Erkenntnisse. Wir haben zu Beginn festgestellt, dass Spekulationen nicht alleine die Domäne von Finanzhyänen und morallosen Bankern sind. Spekulation ist ein allgemeines Phänomen im täglichen Leben. Dann haben wir einen Blick auf und in unser Gehirn geworfen. Wir haben festgestellt, dass wir nicht denken können, ohne dass vorher Emotionen im sogenannten Limbischen System ausgelöst worden sind. Wir haben dann erfahren, dass wir mit modernen Untersuchungsmethoden feststellen können, wo in unseren Gehirnregionen Aktivitäten stattfinden, wenn wir denken oder fühlen. Mit dem *FACS*, dem *Facial Action Coding System*, kann man aufgrund von kleinsten Veränderungen im Gesicht, der Mikrominik, der Mikroexpression auf die wahren emotionalen Befindlichkeiten schließen. Der betroffenen Person kann dies verborgen bleiben. Dann haben wir verschiedene Abkürzungen des Denkens betrachtet, sogenannte Heuristiken, die zu Denkfallen werden können. Sie sind oft hilfreich, führen uns aber auch manchmal in die Irre. Sie zu kennen, verhindert, dass wir immer wieder darauf hereinfallen. Und schließlich haben wir die fünf Entscheidungssituationen betrachtet, deren Charakteristika und Anwendung. Anhand von Beispielen sind wir dann näher eingegangen auf weitere praktisch verwendbare rationale Entscheidungsmethoden.

5.2 Auswahl der richtigen Methode

Es waren sehr viele Informationen, die Ihnen in den zurückliegenden Kapiteln präsentiert worden sind. Wie können wir dennoch den Überblick behalten? Ist es möglich, anhand von wenigen Fragen herauszufinden, welche der bisher vorgestellten Entscheidungsmethoden angemessen sein könnte? In der Tabelle *(Abbildung 15: Entscheidungshilfe für Entscheidungsmethoden)* sind die Alternativen übersichtlich zusammen gestellt. Die Fragen sind: 1. Sind die Abläufe bekannt? 2. Ist großer Zeitdruck vorhanden? 3. Sind die Auswirkungen bedeutsam? 4. Gibt es sehr viele Einflussfaktoren?

Entscheidungstyp ⇨ ⇩ Schlüsselfragen	automatisierte Entscheidung	emotionale Entscheidung	Gefühls- entscheidung	rationale Entscheidung	intuitive Entscheidung
Sind die Abläufe bekannt?	JA	NEIN	NEIN	NEIN	NEIN
Ist großer Zeitdruck vorhanden?	-	JA	NEIN	NEIN	NEIN
Sind Auswirkungen bedeutsam?	-	NEIN	NEIN (JA)	JA	JA
Gibt es sehr viele Einflussfaktoren?	-	NEIN	NEIN (JA)	NEIN	JA

intuitive Entscheidung =
rationale Vorbereitung
+ *danach* Gefühlsentscheidung

Abbildung 15: Entscheidungshilfe für Entscheidungsmethoden
Nicht jede Entscheidungsmethode ist bei einer Entscheidungssituation gleich gut geeignet. Die Tabelle gibt eine Empfehlung, wann welche Methode erfolgreich eingesetzt werden könnte.

Wenn die Abläufe bekannt sind, dann kann man die Entscheidung automatisieren. Einmal durchdacht, kann man nach dem dann bekannten Schema vorgehen. Solche Entscheidungen können auch durch sogenannte Expertensysteme vom Computer vorbereitet werden.

Sind die Abläufe nicht bekannt, ist aber Zeitdruck vorhanden, wären aber die Auswirkungen einer Fehlentscheidung nicht bedeutsam und gibt es nur wenige Entscheidungskriterien, dann ist eine emotionale Entscheidung akzeptabel.

Eine Gefühlsentscheidung (also: emotionale Entscheidung ohne Zeitdruck) wäre dann akzeptabel, wenn die Abläufe unbekannt sind, aber kein Zeitdruck vorhanden ist, die Auswirkungen einer Fehlentscheidung in der Regel nicht Existenz gefährdend wären und es auch hier nur eine überschaubare Anzahl Einflussfaktoren gibt.

Rationale Entscheidungsmethoden sollte man dann wählen, wenn die Anzahl der Einflussfaktoren überschaubar bleibt, die Auswirkungen eine Fehlentscheidung bedeutsam sein könnten und kein (großer) Zeitdruck vorhanden ist.

Intuitive Entscheidungen kann man dann nutzen, wenn (wie bei der rationalen Entscheidung) deren Auswirkungen bedeutsam sind, aber die Entscheidungssituation durch sehr viele Einfluss-faktoren unübersichtlich geworden ist. Die Entscheidungen sollte durch vorherige intensive Beschäftigung mit dem Problem und dem Einsatz rationaler Entscheidungstechniken vorbereitet werden.

Was ist die beste Entscheidung? Die Antwort scheint relativ einfach: Es ist die Entscheidung, mit der wir auch morgen noch gut leben können? Doch trotz aller Techniken, Methoden oder mathe-matischer Kopfstände stellt sich das manchmal leider erst hinterher heraus. Denn auch wenn etwas unwahrscheinlich ist (wie beispiels-weise einen Sechser im Lotto), ist es nicht unmöglich (schließlich gibt es glückliche Hauptgewinner). Doch mit den Überlegungen, die wir bis hierher schon angestellt haben, verbessern Sie vielleicht Ihre Chancen, künftig klüger zu entscheiden und mit Ihrer Entscheidung zufriedener zu sein. Eine Frage ganz zu Beginn war: „Sind wir alle Spekulanten?". In dem Sinne, wie wir es hier betrachtet haben, lautet die Antwort: „Ja!" Denn wir alle machen Annahmen über die Zukunft und handeln danach – bewusst oder unbewusst.

Wir werden uns in den folgenden Kapiteln noch intensiver mit rationalen Entscheidungsmethoden befassen. Es ist etwas Konzentration erforderlich, um den Ausführungen zu folgen. Und ab und zu werden wir ein paar einfache Berechnungen durchführen. Es genügen meist die Grundrechenarten: Addition, Subtraktion, Multiplikation und Division. Auch wenn Mathematik nicht Ihre große Stärke sein sollte, werden sie wahrscheinlich den Erläuterungen folgen können und die Methoden verstehen.

6 Wann rationale Entscheidungsmethoden?

6.1 Würfeln oder Rechnen?

Wir haben in den zurückliegenden Ausführungen erkannt, dass wir tagtäglich Entscheidungen treffen müssen: meist weniger wichtige, manchmal so bedeutsame, dass sie unser künftiges Leben privat oder beruflich ändern können. Wir haben auch festgestellt, dass wir nicht ganz so frei in unseren Entscheidungen sind, wie wir uns das einbilden. Dies hängt mit unserer biologischen und kulturellen Vergangenheit zusammen. Unser „Reptiliengehirn" ist immer noch präsent und lenkt uns oft in Richtungen, die uns selbst manchmal unverständlich sind. Es ist deutlich geworden, dass durch unseren Gehirnaufbau wir gar nicht denken können, ohne dass Emotionen und Gefühle beteiligt sind („somatische Marker"). Auch fühlen wir uns beispielsweise in unserer Entscheidung sicherer und bestätigt, wenn viele andere das Gleiche tun oder getan haben (Herdentrieb); wir überbewerten Informationen, die leicht verfügbar sind (Verfügbarkeits-Fehler); und wir bewerten Verluste doppelt so hoch wie Gewinne in gleicher Höhe (Verlustaversion). Zudem können wir mit Wahrscheinlichkeiten in der Regel auch nicht besonders gut umgehen – sonst wären die Lotto-Gesellschaften längst pleite.

Wenn wir uns für oder gegen etwas entscheiden und uns die Auswirkungen ganz alleine betreffen würden, bräuchten wir niemandem gegenüber Rechenschaft ablegen. Wir könnten dann auch obskure Entscheidungstechniken wählen wie: Münze werfen, würfeln, ein Horoskop stellen oder die Entscheidung auspendeln lassen. Doch in einer partnerschaftlichen Beziehung, in der Familie und besonders bei Entscheidungen im Beruf werden andere Personen verlangen, dass man seine Entscheidung begründet, rechtfertigt und nachvollziehbar macht. Auch wenn wir die wahren Gründe und Motive manchmal nicht nennen wollen, müssen wir zumindest nachvollziehbare Argumente liefern, die für andere logisch sind oder scheinen.

Ein paar Methoden haben wir bereits kennen gelernt, wie man das machen kann. Beispiele waren die Entscheidung für einen Namen, die Auswahl eines Hotels, die Wahl eines neuen Arbeitgebers und die möglichst risikolose Anlage einer Erbschaft. Natürlich kann man immer darüber streiten, ob die Werte (Punkte, Gewichtungsfaktoren oder Euro) „richtig" gewählt worden sind oder ob man die wirklich wichtigen Einflussfaktoren berücksichtigt hat. Aber der Weg zur gewählten Alternative ist transparent und für Dritte nachvollziehbar.

6.2 Was sind kritische Entscheidungen?

Systematische rationale Entscheidungsmethoden erfordern etwas Aufwand und lohnen sich daher nur dann, wenn dieser Aufwand für die Entscheidung wesentlich geringer ist, als die Folgen einer möglichen Fehlentscheidung. Es lohnt sich zum Beispiel vor der Anschaffung einer Produktionsmaschine oder dem Kauf eines Hauses für mehrere hunderttausend Euro, einige Tage für eine systematische Auswahl/Entscheidung aufzuwenden. Wer einen Druckbleistift im Schreibwarengeschäft oder Brötchen beim Bäcker kaufen will und mit gleicher Systematik arbeiten würde, hätte Zeit und Geld verschwendet. Die folgenden Methoden lohnen sich nur bei kritischen Entscheidungssituationen.

Was sind nun die Merkmale einer kritischen Entscheidungssituation? Einmal muss ein Problem vorliegen. Man kann dies so beschreiben, dass zwischen dem, was man möchte (Ziel) und der Situation, wie sie sich aktuell darstellt (Ist) eine erhebliche Abweichung besteht (Problem). Dann muss es mehrere Möglichkeiten geben, das Ziel zu erreichen (Alternativen). „Alternativlos" wäre hier kein akzeptabler Standpunkt. Ein weiteres Merkmal einer kritischen Entscheidungssituation ist, dass eine einmal getroffene Entscheidung gar nicht mehr oder nur schwer wieder rückgängig gemacht werden kann (Revidierbarkeit). „Schwer" meint hier, dass es sehr lange dauert oder/und mit erheblichen finanziellen Verlusten verbunden wäre. Und dann muss auch die ernsthafte Absicht bestehen, entsprechend der getroffenen Entscheidung zu handeln (Realisation). Ist diese Absicht nicht vorhanden, bleiben die Entscheidungstechniken reine intellektuelle Gedankenspiele. Auch wer bewusst und begründet entscheidet nicht zu handeln, hätte eine rationale Entscheidung getroffen. Dies ist aber etwas anderes, als aus Bequemlichkeit oder Angst vor Verantwortung es einfach treiben zu lassen.

6.3 Vorteile und Fehler rationaler Entscheidungen

Ein Vorteil ist, dass die rationalen Methoden einer Logik folgen. Der Weg und das Ergebnis ist für Dritte (Familienmitglieder, Mitarbeiter, Kollegen, Vorgesetzte) nachvollziehbar. Man wird genötigt, verschiedene Handlungsalternativen zu suchen und erweitert dadurch systematisch seinen Handlungsspielraum. Die Risiken und Chancen der verschiedenen Alternativen werden bewusst gemacht. Man kann während des Entscheidungsprozesses leichter erkennen, wo vielleicht noch wichtige Informationen fehlen und sich diese noch beschaffen. Insgesamt erhöht man die Chancen für eine Entscheidung, mit der man langfristig leben kann und zufrieden ist.

Einige Fehler beim Entscheiden (oder Nicht-Entscheiden) kann man immer wieder beobachten. Einerseits wird eine Entscheidung aufgeschoben, obwohl jetzt eine erforderlich wäre. Anderseits wird manchmal zu rasch und unüberlegt entschieden, eine Gefahr besonders bei „Machern". Da Entscheidungsmodelle immer eine Abstraktion der Wirklichkeit sind, werden nie alle Einflussfaktoren und Kriterien berücksichtigt werden können. Ein Fehler kann daher dadurch entstehen, dass man Wesentliches vom Unwesentlichen nicht unterscheidet. In Problemsituationen verfällt man nicht selten in operative Hektik. Mann knackt nur die „weichen Nüsse" und lässt die wirklichen Probleme liegen. Und unangenehm wird es auch, wenn man zwar nach bestem Wissen und Gewissen entschieden hat, aber die äußeren Bedingungen sich wesentlich geändert haben. Wenn hier der Mut fehlt, die Entscheidung infrage zu stellen, verfährt nach dem Motto: Wir wissen zwar nicht mehr, wo es hinführt, aber wir verdoppeln schon mal unsere Anstrengungen.

An einen bedeutsamen Unterschied sollte man sich erinnern. Eine „gute" Entscheidung kann man nicht immer an einem „guten" Ergebnis messen. Wenn Sie beispielsweise eine Würfelwette annehmen würden, bei der Sie gewinnen, wenn die Zahlen eins bis fünf gewürfelt werden, dann hätten Sie eine gute Entscheidung getroffen. Schließlich stünden die Gewinnchancen bei fünf Sechstel oder 83,3 Prozent. Wenn dennoch die Sechs gewürfelt würde, hätten Sie den Wetteinsatz verloren. Ihre Entscheidung war „gut", das Ergebnis war dennoch „schlecht". Die Lehre daraus: Auch Alternativen mit kleiner Eintrittswahrscheinlichkeit (im Beispiel: 16,7 Prozent) können eintreffen. Unwahrscheinlich ist eben nicht unmöglich!

6.4 Normativ oder empirisch?

Es gibt Entscheidungen, bei denen nach festgelegten Regeln die vorgegebenen oder selbst gewählten Ziele mit hoher Eintrittswahrscheinlichkeit erreicht werden sollen. Die Regeln sind in dem Sinne objektiv, als Dritte sie nachvollziehen können. Anderseits kann es auch sein, dass man erst einmal herausfinden will, nach welchen Regeln oder Schemata jemand in bestimmten Situationen überhaupt entscheidet oder entschieden hat.

Kennt man die Regeln und schreibt eine Vorgehensweise vor, dann spricht man von „präskriptiver" oder auch „normativer"

Entscheidungstheorie (Duden: präskriptiv = bestimmte Normen festlegend; normativ = Maßstab für etwas festlegend). Wenn man erst noch herausfinden und sich einigen muss, wie man entscheiden sollte, also erst noch die Regeln sucht, nach denen entschieden wird, dann spricht man von „deskriptiver" oder „empirischer" Entscheidungstheorie (Duden: deskriptiv = beschreibend; empirisch = auf Erfahrung, Beobachtung beruhend). Die folgenden Methoden und Beispiele wenden vorhandene Entscheidungsregeln an. Daher gehören diese Techniken zur präskriptiven bzw. normativen Entscheidungstheorie.

7 Ein paar Grundlagen und Begriffe

7.1 Entscheidungen mit Entscheidungs-Matrix

Das prinzipielle Schema für die weiteren Betrachtungen haben wir schon kennen gelernt. Es war das Beispiel, wie man einen geerbten Geldbetrag mit möglichst geringem Risiko anlegen kann *(Abbildung 13: Anlageentscheidung mit geringstem Risiko).* Wir gehen nun nochmals einen kleinen Schritt zurück zu einem noch einfacheren Beispiel, an dem wir ein paar Begriffe kennenlernen.

Situation 1: Ein Fertigungsunternehmen erwartet einen Auftrag. Die aktuelle Fertigungskapazität reicht nicht mehr aus, um diesen Auftrag abzuarbeiten. Die Produktionskapazität muss erweitert werden. Der Leiter der Fertigung sieht zwei mögliche Alternativen, wie dies getan werden kann: a) Ausbau vorhandener Maschinen. Der Gewinn aus dem neuen Auftrag wäre dann 60.000 Euro. b) Anschaffung einer neuen Universalmaschine. Der Gewinn aus dem neuen Auftrag wäre hier 40.000 Euro. Ziel ist es, einen möglichst hohen Gewinn zu erwirtschaften. Welche Alternative sollte gewählt werden?

Sie werden wahrscheinlich ohne großen Aufwand die Entscheidung fällen können: Der Ausbau vorhandener Maschinen erfüllt die Zielvorgabe des möglichst hohen Gewinns, nämlich 60.000 Euro. Wir können die Entscheidung in einem einfachen Entscheidungsschema, eine Entscheidungsmatrix abbilden *(Abbildung16: Aktionsfeld und Ergebnisraum).*

Formal werden die Alternativen (= Zeilenbeschriftungen in einer Matrix) mit a_i beschriftet („a" seht für Alternative); der Index „i" kennzeichnet die jeweilige Handlungsalternative. Im Beispiel kann „i" den Wert 1 und 2 haben. Die erwarteten Gewinne pro Alternative bezeichnet man mit e_j („e" steht für Ergebnis); „j" kann hier ebenfalls nur entweder den Wert 1 oder 2 haben. Die Lösung findet man, indem man das Maximum aus den Werten e_1 (= 60.000 €) und e_2 (= 40.000 €) ermittelt, also 60.000 €. Mathematiker würden die Lösung knapp etwa so ausdrücken: φ[Phi]= max $\{e_j\}$. Auf solche formalen mathematischen Schreibweisen wird des allgemeinen Verständnisses wegen bei den folgenden Erläuterungen weitgehend verzichtet.

Handlungsalternativen	Erwarteter Gewinn	a_i = Handlungsalternativen	e_j = Ergebnisraum
Ausbau vorhander Maschinen	60.000 €	a_1	e_1
Anschaffung Universalmaschine	40.000 €	a_2	e_2

Konkrete Situation　　　　　　　　　*Abstrakte Formulierung*

a_i : Aktionsraum, Alternativen
e_j : Ergebnisraum, Ergebnisse
φ [Phi] = max$\{e_j\}$: Zielfunktion

Abbildung 16: Aktionsfeld und Ergebnisraum
Alle betrachteten Alternativen (hier: Erweiterung, Neuanschaffung) ergeben die Handlungsalternativen oder zusammen betrachtet das Aktionsfeld. Die erwarteten Gewinne zu jeder Alternative (hier: 60.000 €, 40.000 €) ergeben den Ergebnisraum. Gesucht wird der maximale Wert aus dem Ergebnisraum. Daraus ergibt sich dann die zu wählende Handlungsalternative aus dem Aktionsfeld. (Detailerläuterung siehe Text)

7.2 MaxiMin - minimales Risiko

Etwas unübersichtlicher wird die Entscheidungssituation, wenn nicht nur ein, sondern mehrere Aufträge kommen könnten und auch mehrere Alternativen für den Ausbau der Fertigungskapazität angedacht werden.

68

Situation 2: Ein Unternehmen erwartet einen von drei Aufträgen A, B, C. Es ist in jedem Fall eine Erweiterung der Produktionskapazität erforderlich. Dazu werden drei Alternativen in Betracht gezogen: Ausbau vorhandener Maschinen, Anschaffung einer Universalmaschine, Anschaffung einer Spezialmaschine. Welcher Auftrag kommt, kann aktuell noch nicht gesagt werden. Der Ausbau der Kapazitäten muss aber jetzt schon entschieden und eingeleitet werden, weil sonst die voraussichtlichen Liefertermine nicht mehr eingehalten werden können. Man will auch unter ungünstigsten Umständen den dann noch möglichen höchsten Gewinn erwirtschaften.

Hier kann man die Entscheidungssituation nicht mehr so ohne weiteres im Kopf überlegen. Man erstellt besser eine Entscheidungs-Matrix *(Abbildung 17: Alternative mit minimalem Risiko)*. Die Zeilenbeschriftungen sind wieder die Handlungsalternativen (a_i), also die verschiedenen Möglichkeiten, die Fertigungskapazität zu erweitern (Ausbau, Universalmaschine, Spezialmaschine). Es gibt auch drei Spalten, entsprechend den möglichen Aufträgen (A, B, C). Dies sind äußere Ereignisse oder Zustände (z_j), die zum Zeitpunkt der Entscheidung nicht mehr beeinflusst werden können. Für jede Kombination Alternative mit Zustand gehört ein möglicher Gewinn, ein Ergebnis (e_{ij}). Am Index von e kann man erkennen, zu welcher Kombination das Ergebnis gehört. So bedeutet beispielsweise $e_{13,}$ dass das Ergebnis zur Alternative a_1 in Kombination mit dem Zustand z_3 gehört.

Wie kann man nun das Entscheidungsziel erreichen, nämlich unter ungünstigen Umständen den noch möglichen höchsten Gewinn? Zuerst ermittelt man pro Alternative, welches hier das schlechteste Ergebnis wäre. Bei a_1 wären es – 10.000 Euro (e_{13}), also Verlust, bei a_2 wären es 40.000 Euro (e_{21}) Gewinn und bei a_3 würde man 20.000 Euro (e_{31}) Gewinn erreichen. In der Entscheidungsmatrix notiert man in einer separaten Spalte diese Werte (Spalte: „Je schlechteste Lösung"). Aus den Werten dieser Spalte wählt man nun den maximalen Wert aus und findet dadurch die zugehörende Handlungsalternative (hier: a_2). Gleichgültig, welcher Auftrag kommt, ob A, B oder C, der Gewinn würde nie kleiner sein als 40.000 Euro. Man nennt diese Methode *MaxiMin*, weil man den maximalen Ergebniswert aus den schlechtesten (minimalen) wählt und dadurch die zugehörende Handlungsalternative findet.

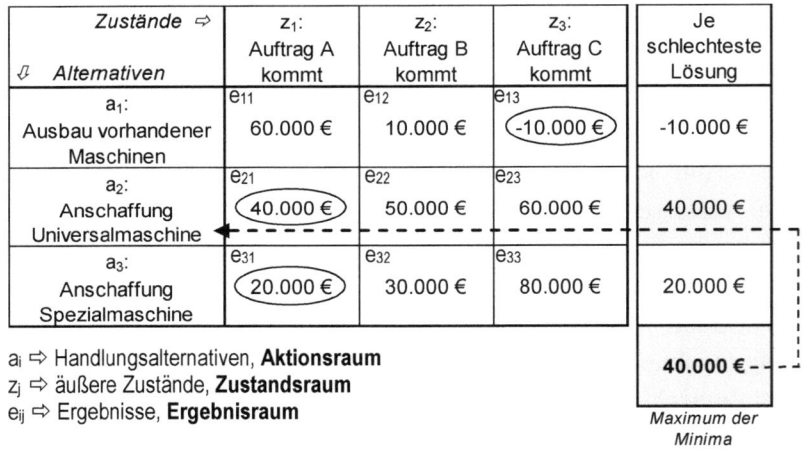

Zustände ⇨ ⬆ Alternativen	z_1: Auftrag A kommt	z_2: Auftrag B kommt	z_3: Auftrag C kommt	Je schlechteste Lösung
a_1: Ausbau vorhandener Maschinen	e_{11} 60.000 €	e_{12} 10.000 €	e_{13} -10.000 €	-10.000 €
a_2: Anschaffung Universalmaschine	e_{21} 40.000 €	e_{22} 50.000 €	e_{23} 60.000 €	40.000 €
a_3: Anschaffung Spezialmaschine	e_{31} 20.000 €	e_{32} 30.000 €	e_{33} 80.000 €	20.000 €

a_i ⇨ Handlungsalternativen, **Aktionsraum**
z_j ⇨ äußere Zustände, **Zustandsraum**
e_{ij} ⇨ Ergebnisse, **Ergebnisraum**

40.000 € - - - -

Maximum der
Minima

Beispiel: e_{31} = Ergebnis Aktion 3 bei Zustand 1 (20.000 €)

Abbildung 17: Alternative mit minimalem Risiko (MaxiMin)
Es gibt drei Handlungsalternativen (a_1, a_2, a_3). Hinzu kommen drei äußere Zustände, die eintreten können, nämlich die drei möglichen Aufträge (z_1, z_2, z_3). Für jede Kombination: Alternative mit Zustand ergibt sich ein möglicher Gewinn, ein Ergebnis (e_{11}, e_{12} ... e_{33}). Insgesamt sind 3 x 3 also 9 Ergebnisse möglich (Anzahl Alternativen x Anzahl Zustände). Die Entscheidung fällt für Alternative a_2, weil hier nie weniger als 40.000 € Gewinn erreicht werden können (Maximum aus den Minima). (Detailerläuterung siehe Text)

Bisher haben wir ja schon die Begriffe *Aktionsfeld* (= alle möglichen Handlungsalternativen, die man berücksichtigen will) und *Ergebnisraum* (= alle möglichen Ergebnisse) kennengelernt. Es sind zwei weitere Begriffe hinzugekommen. Einmal ist dies der

Zustandsraum (= alle möglichen äußeren Zustande, die eintreten können und man berücksichtigen will). Hinzu kommt jetzt noch die sogenannte *Zielfunktion*. Sie beschreibt, nach welchen Rechenregeln man vorgehen muss, um das Entscheidungsziel zu erreichen.

Die Rechenregel im eben besprochenen Beispiel lautet: Ermittle für jede Alternative den kleinsten Ergebniswert und aus diesen Ergebniswerten den größten. Wähle die Alternative aus, in deren Zeile dieser größte Wert steht.

7.3 MaxiMax - maximaler Chance

Nun könnte ein Entscheider recht risikofreudig sein und sich den Weg für einen maximalen Gewinn nicht verbauen wollen. Wenn wir die eben beschriebene Situation zugrunde legen, haben wir schon die erforderliche Entscheidungs-Matrix, um die Vorgehensweise in solch einem Fall zu besprechen.

Situation 3: Die Situation entspricht der Beschreibung von Situation 2. Der Entscheider will die Chance erhalten, den maximalen Gewinn zu erwirtschaften.

Die Vorgehensweise ist fast gleich, wie bei der Situation 2. Nur dass man pro Handlungsalternative (a_i) nicht den kleinsten Ergebniswert sucht sondern den größten *(Abbildung 18: Alternative mit maximaler Chance)*. Bei a_1 wären dies 60.000 Euro (e_{11}), bei a_2 ebenfalls 60.000 Euro (e_{23}) und bei a_3 beachtliche 80.000 Euro (e_{33}) Gewinn. Diese Werte notiert man in der zusätzlichen Spalten mit der Überschrift: „Je beste Lösung". Aus diesen Werten wird dann der maximale Wert (hier 80.000 Euro) ermittelt. In der Zeile, in der dieser Wert steht, findet man die dazu gehörende Handlungs-alternative, hier a_3. Man hätte zwar nun die Chance auf maximalen Gewinn gewahrt für den Fall, dass Auftrag C kommt. Käme allerdings Auftrag A, dann müsste man sich mit einen Gewinn von lediglich 20.000 Euro (e_{31}) zufrieden geben.

Die Rechenregel in diesem Beispiel lautet: Ermittle für jede Alternative den größten Ergebniswert und aus diesen Werten den größten. Wähle die Alternative aus, in deren Zeile dieser größte Wert steht.

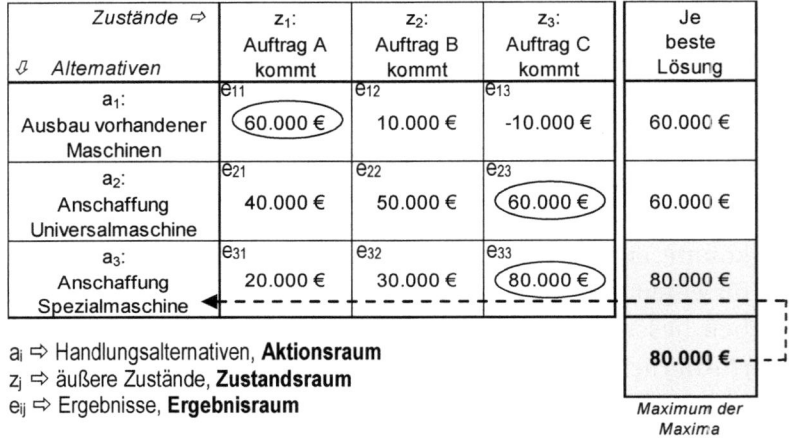

Zustände ⇨ ⇩ Alternativen	z_1: Auftrag A kommt	z_2: Auftrag B kommt	z_3: Auftrag C kommt	Je beste Lösung
a_1: Ausbau vorhandener Maschinen	e_{11} 60.000 €	e_{12} 10.000 €	e_{13} -10.000 €	60.000 €
a_2: Anschaffung Universalmaschine	e_{21} 40.000 €	e_{22} 50.000 €	e_{23} 60.000 €	60.000 €
a_3: Anschaffung Spezialmaschine	e_{31} 20.000 €	e_{32} 30.000 €	e_{33} 80.000 €	80.000 €

a_i ⇨ Handlungsalternativen, **Aktionsraum**
z_j ⇨ äußere Zustände, **Zustandsraum**
e_{ij} ⇨ Ergebnisse, **Ergebnisraum**

80.000 €

Maximum der
Maxima

Beispiel: e_{31} = Ergebnis Aktion 3 bei Zustand 1 (20.000 €)

Abbildung 18: Alternative mit maximaler Chance (MaxiMax)
Es gibt drei Handlungsalternativen (a_1, a_2, a_3). Hinzu kommen drei äußere Zustände, die eintreten können, nämlich die drei möglichen Aufträge (z_1, z_2, z_3). Für jede Kombination: Alternative mit Zustand ergibt sich ein möglicher Gewinn, ein Ergebnis (e_{11}, e_{12} ... e_{33}). Insgesamt sind 3 x 3 also 9 Ergebnisse möglich (Anzahl Alternativen x Anzahl Zustände). Die Entscheidung fällt für Alternative a_3, weil man hier die Chance wahren würde, den maximalen Gewinn von 80.000 € Gewinn zu erreichen (Maximum aus den Maxima). (Detailerläuterung siehe Text)

8 Entscheidungen bei Ungewissheit

Wir haben vorher einmal eine Würfelwette betrachtet. Wenn der Würfel nicht manipuliert ist, wäre die Chance eine Sechs zu würfeln ein Sechstel oder 16,7 Prozent. Das Risiko keine Sechs zu würfeln, also eine Eins bis Fünf liegt bei fünf Sechstel oder 83,3 Prozent. Wir könnten also eine Wahrscheinlichkeit angeben, mit der beim Würfel ein bestimmtes Ereignis (also eine Zahl, die oben liegt) eintrifft oder nicht eintrifft. Wir kennen hier die Eintrittswahrscheinlichkeit. Bei vielen Ereignissen kennen wir sie aber nicht und können sie auch nicht ernsthaft abschätzen. Zum Beispiel kann man nicht angeben, wie wahrscheinlich es wäre, dass in der nächsten Nacht eine Eule vor Ihrem Schlafzimmerfenster sitzt. Das wäre zwar unwahrscheinlich, aber nicht unmöglich. Wenn wir keine Wahrscheinlichkeit für das Eintreffen oder Nicht-Eintreffen eines Ereignisses angeben können, sprechen wir von Ungewissheit. Die nun folgenden Entscheidungsmethoden beschreiben Entscheidungsregeln unter Ungewissheit. Die Methoden haben ihre Namen von den Personen, die diese Regeln zuerst entdeckt, erfunden oder popagiert haben.

8.1 Hurwicz-Regel und der Optimismus

Leonid Hurwicz (1917 - 2008) war ein US-amerikanischer Wirtschaftswissenschaftler. Im Jahr 2007 hat er gemeinsam mit zwei anderen (*Eric Maskin, Roger Myersonden)* den Nobelpreis für Wirtschaftswissenschaften erhalten. Mit seinen damals neunzig Jahren ist er der bisher älteste Nobelpreisträger.

Die nach ihm benannte *Hurwicz*-Regel berücksichtigt bei Entscheidungen unter Ungewissheit, ob ein Entscheider die Entscheidungssituation eher optimistisch oder pessimistisch beurteilt. Dies ist besonders dann hilfreich, wenn der Entscheider in ähnlichen Situationen schon Erfahrungen gesammelt hat. Man könnte sagen, dass dann damit seine Intuition berücksichtigt wird. Rechnerisch wird dies durch einen Multiplikator oder Parameter berücksichtigt, gekennzeichnet durch den griechischen Buchstaben λ [Lambda]. Wenn nur Optimismus vorherrschen würde, hätte λ den Wert Eins (λ = 1,0). Pessimismus wird dadurch ausgedrückt, dass man vom Wert 1,0 den λ-Wert abzieht. Wäre ein Entscheider bei einer Entscheidungssituation zu 70 Prozent optimistisch (λ = 0,7), dann wäre der Pessimismus (1 - λ), also 30 Prozent oder 0,3. Die Summe aus Optimismus- und Pessimismus-Wert ist immer Eins (1,0).

Wie arbeitet nun die *Hurwicz*-Regel? An einem Beispiel wollen wir die Vorgehensweise auch hier verdeutlichen. Einen großen Teil der Vorarbeit haben wir bereits geleistet, indem wir schon wissen, wie die MaxiMin- und MaxiMax-Methode funktioniert.

Situation 4: Ein Unternehmen erwartet einen von drei Aufträgen A, B oder C. Dazu muss die Fertigungskapazität erweitert werden. Drei Alternativen stehen zur Wahl: Ausbau vorhandener Maschinen, Anschaffung einer Universalmaschine, Anschaffung einer Spezialmaschine. Die Entscheidung muss getroffen werden, bevor ein Auftrag erteilt wird. Zu jeder der möglichen Kombinationen Auftrag/Alternativen wurde der erwartete Gewinn ermittelt. Der Entscheider schätzt die Entscheidungssituation zu 70 Prozent optimistisch ein. Unter Verwendung der *Hurwicz*-Regel soll ermittelt werden, welche Alternative für den Ausbau der Fertigungskapazität infrage kommt.

Erstellt wird zuerst eine Entscheidungs-Matrix mit drei Zeilen und drei Spalten *(Abbildung 19: Entscheidung unter Ungewissheit mit Hurwicz-Regel)*. Zeilenbeschriftungen sind die Handlungsalternativen (a_1, a_2, a_3). Spaltenbeschriftungen sind die möglichen Zustände, also die möglichen Aufträge (z_1, z_2, z_3). Die entsprechenden Ergebniswerte, also die erwarteten Gewinne, werden in die zugehörenden Felder des Ergebnisbereiches eingetragen. Damit ist die Ausgangssituation beschrieben.

Zustände ⇨ ⇩ Alternativen	z_1: Auftrag A kommt	z_2: Auftrag B kommt	z_3: Auftrag C kommt	MaxiMin Lösung	MaxiMax Lösung	(1-γ) Pessimismus- Parameter 0,30	γ [Gamma] Optimismus- Parameter 0,70	Summe 1,00
a_1: Ausbau vorhandener Maschinen	25.000 €	3.000 €	-1.000 €	-1.000 €	**25.000 €**	-300 €	17.500 €	17.200 €
a_2: Anschaffung Universalmaschine	24.000 €	15.000 €	6.000 €	6.000 €	24.000 €	1.800 €	16.800 €	**18.600 €**
a_3: Anschaffung Spezialmaschine	12.000 €	15.000 €	8.000 €	**8.000 €**	15.000 €	2.400 €	10.500 €	12.900 €
Ergebnis				8.000 €	25.000 €		Ergebnis	**18.600 €**

Beispielrechnung: 24.000 € x 0,7 = 16.800 €

Abbildung 19: Entscheidung unter Ungewissheit mit Hurwicz-Regel
Zuerst werden nach der MaxiMin- und MaxiMax-Regel die entsprechenden Werte ermittelt. Dann werden die Ergebnisse aus MaxiMin mit dem Pessimismus-Parameter (1-λ = 0,3) und die Ergebnisse aus MaxiMax mit dem Optimismus-Parameter (λ = 0,7) multipliziert. Pro Handlungsalternative (Zeile) werden die so ermittelten Multiplikationsergebnisse addiert. Aus diesen Ergebnissen wiederum wird der größte Wert ermittelt (18.600 €). Die Wahl fällt auf Alternative a_2 (Anschaffung Universalmaschine). (Detailerläuterung siehe Text)

Nach der nun schon bekannten Methode werden MaxiMin- und MaxiMax-Werte pro Zeile ermittelt. Ein vorsichtiger Entscheider würde nach der MaxiMin-Methode die Alternative a_3 wählen (Anschaffung Spezialmaschine). Der Gewinn wäre dann mindestens 8.000 Euro. Ein risikoreicherer Entscheider, der sich die maximale Gewinnchance erhalten möchte, würde Alternative a_1 wählen (Ausbau vorhandener Maschinen) mit einem maximal möglichen

Gewinn von 25.000 Euro. Wenn er allerdings Pech hat und Auftrag C kommt (z_3) würde er 1.000 Euro Verlust produzieren.

Nun kommt *Hurwicz* ins Spiel. Die eben beschriebene Matrix wird um drei weitere Spalten erweitert mit den Überschriften: Pessimismus-Parameter, Optimismus-Parameter und Summe. Die Ergebnisse aus der MaxiMin-Spalte werden jetzt mit dem Pessimismus-Parameter multipliziert (1 - λ = 1 – 0,7 = 0,3); Beispiel: - 1.000 € x 0,3 = - 300 €. Die Ergebnisse der MaxiMax-Spalte mit dem Optimismus-Parameter, Beispiel: 24.000 € x 0,7 = 16.800 €. Dann werden die so errechneten Ergebnisse pro Zeile addiert; Beispiel: - 300 € + 17.500 € = 17.200 €. Diese Additionswerte stehen in der Spalte „Summe". Aus den Summen wird der maximale Wert ermittelt, hier 18.600 Euro. Die Zeile, in der dieser Wert steht, weist auf die Alternative hin, die nach der *Hurwicz*-Regel gewählt werden sollte, hier a_2 (Anschaffung Universalmaschine).

Im Vergleich zu der einfacheren MaxiMin- und Maxi-Max-Methode erhält man eine ganz andere Entscheidung. Man berücksichtigt, wie schon erwähnt, ein zusätzliches Entscheidungselement: die subjektive Beurteilung bzw. die Intuition des Entscheiders.

8.2 Savage-Niehans-Regel und das Bedauern

Leonard Jimmie Savage (1917 – 1971) war ein US-amerikanischer Mathematiker und Statistiker. *Jürg Niehans (1919 – 2007)* war schweizer Nationalökonom. Die Regel beinhaltet die Namen beider, weil sowohl *Niehans* 1948 als auch *Savage* 1951 deren Anwendung entwickelt und vorgeschlagen haben. Die Ausgansüberlegung war, dass man selten die optimale Entscheidung treffen wird. Wenn man danach vergleicht, welche Entscheidung besser gewesen wäre, empfindet man mehr oder weniger großes Bedauern. Ziel der *Savage-Niehans*-Regel ist es, dieses Bedauern und damit die Frustration möglichst klein zu halten. Je weniger das Ergebnis der getroffenen Entscheidung von der optimalen Entscheidung abweicht, desto geringer ist das Bedauern und umgekehrt, je größer die Abweichung ist, desto größer das Bedauern.

Das folgende Beispiel *(Abbildung 20: Entscheidung für kleinstes Bedauern mit Savage-Niehans-Regel)* zeigt die Regeln und eine Vorgehensweise, wie man sie übersichtlich beispielsweise mit einem Tabellen-Kalkulationsprogramm realisieren kann. Damit wir uns nicht in abstrakte Zahlenspiele verlieren, bleiben wir beim Beispiel, dass ein Unternehmen verschiedene Aufträge erwartet und verschiedene Alternativen hat, die Fertigungskapazität zu erweitern.

Situation 5: Ein Unternehmen erwartet einen von drei Aufträgen A, B oder C. Dazu muss die Fertigungskapazität erweitert werden. Drei Alternativen stehen zur Wahl: Ausbau vorhandener Maschinen, Anschaffung einer Universalmaschine, Anschaffung einer Spezialmaschine. Die Entscheidung muss getroffen werden, bevor ein Auftrag erteilt wird. Zu jeder der möglichen Kombinationen Auftrag/Alternativen wurde der erwartete Gewinn ermittelt. Es soll die diejenige Alternative gewählt werden, bei der der Unterschied zwischen dem besten und dem schlechtesten Ergebnis am geringsten ist (kleinstes Bedauern).

In der nun schon bekannten Manier wird die Ergebnis-Matrix erstellt mit den Handlungsalternativen (a) , also Ausbaumöglichkeiten, als Zeilenbeschriftungen und den Zuständen (z), also den verschiedenen möglichen Aufträgen, als Spaltenbeschriftungen. Pro Kombination a/z trägt man die entsprechenden Ergebnisse, also die erwarteten Gewinne, in die Ergebnisfelder ein. Unter diese Matrix wird eine weitere Zeile eingefügt („Maximaler Gewinn bei Zustand z"). Pro Spalte z wird nun ermittelt, welches der höchste Gewinn bei einem bestimmten Auftrag wäre. Bei Auftrag A wären dies beispielsweise 58.000 Euro. Wenn also Auftrag A kommen würde, und man hätte Alternative a_1 gewählt (Ausbau vorhandener Maschinen), dann würden man diese Wahl nicht bedauern können. Man hätte ja den hier maximal möglichen Gewinn realisiert. Hätte man allerdings nicht a_1 (Ausbau vorhandener Maschinen) gewählt, dann läge beispielsweise bei Alternative a_2 (Anschaffung Universalmaschine) das „kleinste Bedauern", nämlich eine Abweichung vom maximal möglichen Gewinn in Höhe von 18.200 Euro; bei a_3 (Anschaffung Spezialmaschine) wäre der Unterschied zum maximal möglichen Gewinn 38.700 Euro.

Ergebnis-Matrix $\Longrightarrow$ Bedauern-Matrix

Zustände ⇨ ⇩ Alternativen	z_1: Auftrag A Gewinn	z_2: Auftrag B Gewinn	z_3: Auftrag C Gewinn	z_1: Auftrag A Bedauern	z_2: Auftrag B Bedauern	z_3: Auftrag C Bedauern	Minimum von Max. Bedauern
a_1: Ausbau vorhander Maschinen	58.000 €	9.500 €	-11.200 €	0 €	38.000 €	82.400 €	82.400
a_2: Anschaffung Universalmaschine	39.800 €	47.500 €	71.200 €	18.200 €	0 €	0 €	18.200
a_3: Anschaffung Spezialmaschine	19.300 €	31.400 €	64.000 €	38.700 €	16.100 €	7.200 €	38.700
Max. Gewinn bei Zustand "z"	58.000 €	47.500 €	71.200 €				18.200

Beispielrechnung: 58.000 € - 19.300 € = 38.700

Abbildung 20: Kleinstes Bedauern mit Savage-Niehans-Regel
Die Ausgangs-Matrix (Ergebnis-Matrix) besteht aus drei Zeilen mit den Handlungsalternativen (a_1, a_2, a_3) und drei Spalten mit den möglichen Aufträgen (z_1, z_2, z_3). Für jede Kombination (a/z) werden die möglichen Gewinne ermittelt und eingetragen. Es wird eine zweite Matrix (Bedauern-Matrix) erstellt, indem man pro Spalte der Ergebnis-Matrix die Abweichung vom maximalen jeweiligen Spaltenwert einträgt. Aus der Bedauerns-Matrix ermittelt man pro Zeile den jeweils kleinsten Wert (18.200 €). In der Zeile, in der dieser steht, steht auch die zu wählende Handlungsalternative (a_2). (Detailerläuterung siehe Text)

Neben der Ergebnis-Matrix wird deshalb eine zweite Matrix, die Bedauern-Matrix erstellt mit identischem Aufbau. In die Ergebnisfelder dieser Bedauern-Matrix werden pro Kombination a/z die Abweichungen vom maximalen Spaltenwert eingetragen. Beispiel: Der maximale Wert in Spalte z_1 (Auftrag A) ist 58.000 Euro. Hätte man Alternative a_3 (Anschaffung Spezialmaschine) gewählt, dann würde man nur 19.3000 Euro Gewinn machen, also 38.700 Euro weniger als maximal möglich (50.000 € - 19.300 € = 38.700 €). Dieser Wert wird in die entsprechende Zelle der Bedauern-Matrix eingetragen.

Neben der Bedauern-Matrix gibt es dann noch eine weitere Spalte („Minimum vom Maximum Bedauern"). Aus den Bedauern-Werten wird pro Zeile der größte Wert in diese Spalte eingetragen. Beispiel: Der größte Bedauern-Wert bei Zeile a_1 ist 82.400 Euro. Aus dieser Spalte wird wiederum der kleinste Wert ermittelt (18.200 Euro). In der Zeile, in der dieser Wert steht, steht auch die zu wählende Alternative (a_2 Anschaffung Spezialmaschine), die nach der *Savage-Niehans*-Regel empfohlen wird. Wenn also die Alternative a_2 gewählt wird, dann ärgert man sich allerhöchstens über eine Abweichung von 18.200 Euro zum besten Wert. Bei jeder anderen Alternative könnte der Ärger auch größer sein, bei a_1 beispielsweise 82.400 Euro, wenn Auftrag C kommt, und bei a_3 38.700 Euro, wenn Auftrag A kommt.

8.3 Laplace-Regel und gleiche Chancen

Piere Simon Marquis de Laplace (1749 – 1827) war ein französischer Mathematiker, Physiker und Astronom. Bekannt ist sein Dämon oder Weltgeist als Gedankenmodell. Wenn dieser laplacesche Dämon in einem bestimmten Augenblick alle Zustände der Welt kennen würde, alle Naturgesetze und unendlich schnell rechnen könnte, dann könnte er – so *Laplace* – sowohl alle Ereignisse der Vergangenheit bestimmen als auch alle der Zukunft vorhersagen. Voraussetzung wäre dabei allerdings, dass in der Welt ein strenges Ursache-Wirkungs-Prinzip (Determinismus) herrschen würde.

Mit *Laplace* beginnen wir, den Begriff Wahrscheinlichkeit in unsere Entscheidungsmodelle einzuführen, wenn auch zu Beginn etwas versteckt. Die Überlegung von *Laplace* war wie folgt: Wenn man keine Eintrittswahrscheinlichkeiten für Ereignisse (in unserer Terminologie: Zustände) kennt, kann man auch keinem möglichen Ereignis eine höhere oder niedrige Wahrscheinlichkeit zuordnen. Am Beispiel wird seine Entscheidungsmethode, die *Laplace*-Regel wieder deutlich.

Situation 6: Ein Unternehmen erwartet einen von vier Aufträgen A, B, C oder D. Dazu muss die Fertigungskapazität erweitert werden. Drei Alternativen stehen zur Wahl: Ausbau vorhandener Maschinen, Anschaffung einer Universalmaschine, Anschaffung einer Spezialmaschine. Zu jeder der möglichen Kombinationen Auftrag/Alternativen wurde der erwartete Gewinn ermittelt. Die Entscheidung muss getroffen werden, bevor ein Auftrag erteilt wird. Der Entscheider will diejenige Handlungsalternative finden, bei der er durchschnittlich das beste Ergebnis erreicht.

Wir erstellen nach der nun schon mehrfach besprochen Vorgehensweise eine Entscheidungs-Matrix *(Abbildung 21: Durchschnittlich bestes Ergebnis mit Laplace-Regel)*. Die Zeilen sind die Handlungsalternativen, also Erweiterungsmöglichkeiten der Fertigungskapazitäten (a_1, a_2, a_3), die Spalten die erwarteten vier Aufträge, also Zustände (z_1, z_2, z_3, z_4). In den betreffenden Feldern werden die erwarteten Gewinne pro Kombination a/z eingetragen. Die Tabelle wird jetzt um drei weitere Spalten erweitert: Anzahl Aufträge, Summe Gewinne, Mittelwert Gewinne.

Nun ermittelt man pro Alternative a, die Anzahl Aufträge, die bearbeitet werden könnten. Im Beispiel sind es bei allen Alternativen vier. Diese Zahl wird in die Spalte „Anzahl Aufträge" eingetragen. Als nächstes addiert man die Gewinnwerte pro Alternative, also pro Zeile. Beispiel: Summe aller Gewinne bei Alternative a_1 ergibt 200.000 Euro. Dann wird der Durchschnitt errechnet, indem man die vorher ermittelte Gewinnsumme durch die Anzahl Aufträge teilt. Beispiel: 200.000 €/4 = 50.000 €. Jetzt ermittelt man den höchsten durchschnittlichen Auftragswert (50.750 Euro). Die Zeile, in der dieser Wert steht weist auf die Alternative hin, die man wählen sollte (a_3: Anschaffung Spezialmaschine).

Zustände ⇨ ⇩ Alternativen	z_1: Auftrag A Gewinn	z_2: Auftrag B Gewinn	z_3: Auftrag C Gewinn	z_4: Auftrag D Gewinn	Anzahl Aufträge	Summe Gewinne	Mittelwert Gewinne
a_1: Ausbau vorhandener Maschinen	60.000 €	30.000 €	50.000 €	60.000 €	4	200.000 €	50.000 €
a_2: Anschaffung Universalmaschine	10.000 €	10.000 €	10.000 €	14.000 €	4	44.000 €	11.000 €
a_3: Anschaffung Spezialmaschine	-30.000 €	100.000 €	120.000 €	13.000 €	4	203.000 €	50.750 €
					Maxima ⇨	203.000 €	50.750 €

Ungewissheit wird in Risiko umgedeutet.
Jeder Auftrag hat gleiche Eintrittswahrscheinlichkeit (1,0/4 = 0,25 = 25 %)

Abbildung 21: Durchschnittlich bestes Ergebnis mit Laplace-Regel
Es gibt drei Handlungsalternativen (a_1, a_2, a_3). Hinzu kommen vier äußere Zustände, die eintreten können, nämlich die vier möglichen Aufträge (z_1, z_2, z_3, z_4). Für jede Kombination: Alternative mit Zustand ergibt sich ein möglicher Gewinn, insgesamt 3 x 4 also 12 (Anzahl Alternativen x Anzahl Zustände). Die Entscheidung fällt für Alternative a_3, weil damit im Durchschnitt der höchste Gewinn erzielt werden könnte. (Detailerläuterung siehe Text)

Das gleiche Ergebnis würde man natürlich hier auch erhalten, wenn man im verwendeten Beispiel nur die höchste Summe der Auftragswerte berücksichtigt (203.000 Euro). Aber es könnte in einer andern Entscheidungssituation auch sein, dass bei einer bestimmten Alternative nicht alle Aufträge bearbeitet werden könnten. Beispiel: Würde bei Alternative a_3 es nicht möglich sein, den Auftrag B (z_2) überhaupt zu bearbeiten, wäre der Gewinn hier nicht 100.000 Euro, sondern Null. Die Gewinnsumme bei a_3 wäre dann nicht 203.000 Euro sondern nur 103.000 Euro und der Durchschnitt lediglich 34.333 Euro anstelle 50.750 Euro. Als Vorschlag käme dann Alternative a_1 heraus.

Wenn wir alle Zustände (= Aufträge) für gleich wahrscheinlich halten, wie hier geschehen, dann hat man bei vier Alternativen unbewusst jedem Auftrag eine Eintrittswahrscheinlichkeit von 1/4 oder 25 Prozent zugeordnet.

8.4 Entscheidungsregeln im Vergleich

Bevor wir zu einer Entscheidungsmethode kommen, bei denen wir verschiedene Eintrittswahrscheinlichkeiten mit berücksichtigen, stellen wir die bisher kennengelernten Methoden nochmals gegenüber. Aus den vorgestellten Entscheidungsregeln konnte man schon erahnen, dass bei gleicher Ausgangsbasis die einzelnen Methoden zu verschiedenen Empfehlungen führen können. In Kurzform hier die wesentlichen Eigenschaften der jeweiligen Methode (*Abbildung 22: Entscheidungsregeln im Vergleich*):

Regel	Merkmale
MaxiMin	Entscheidung für geringstes Risiko,
	vorsichtiger Entscheider,
	Maximum von den Minima
MaxiMax	Entscheidung zur Wahrung höchster Chance,
	risikofreudiger Entscheider,
	Maximum von den Maxima
	Berücksichtigung persönlicher Einstellung,
Hurwicz	Optimist/Pessimist,
	Darstellung mit Optimismusfaktor λ [Lambda]

Savage-Niehans: Entscheidung nach kleinstem Bedauern, kleinste Differenz zum möglichem Optimum der Alternative

Laplace: Gleiche Chancen der externen Ereignisse (Zustände), Maximum durchschnittlicher Alternativen-Werte

(Gewinn in Tsd €)	z_1: Auftrag A Gewinn	z_2: Auftrag B Gewinn	z_3: Auftrag C Gewinn	z_4: Auftrag C Gewinn	MaxiMin	MaxiMax	Hurwicz γ = 0,3	Savage-Niehans	Laplace
a_1: Ausbau vorhander Maschinen	70 €	10 €	15 €	12 €	10 €	70 €	28 €	50 €	27 €
a_2: Anschaffung Universalmaschine	30 €	60 €	25 €	5 €	5 €	60 €	22 €	40 €	30 €
a_3: Anschaffung Spezialmaschine	45 €	-15 €	65 €	30 €	-15 €	65 €	9 €	75 €	31 €
Maximum Spalte der Spalte z	70 €	60 €	65 €	30 €	10 €	70 €	28 €	40 €	31 €

Geringstes Risiko (MaxiMin)
Maximale Chance (MaxiMax)
Gewichteter Optimismus
gleiche Chance
Kleinstes Bedauern

Abbildung 22: Entscheidungsregeln im Vergleich
Gleiche Ausgangssituation führt zu verschiedenen Entscheidungsvorschlägen (Wahl der Alternative a). Alle diese Methoden und Regeln gehen davon aus, dass man die Eintrittswahrscheinlichkeit der Zustände (z) nicht kennt. Dies sind daher Entscheidungssituationen unter Ungewissheit.

9 Entscheidungen bei Risiko

9.1 Objektive und subjektive Wahrscheinlichkeit

In den beiden vorherigen Kapiteln haben wir ein paar Entscheidungsmethoden betrachtet, wenn wir unter Ungewissheit entscheiden. Das heißt, dass wir nicht wissen, ob ein bestimmtes von uns aktuell nicht mehr beeinflussbares Ereignis (in Beispiel waren es verschiedene Aufträge) wahrscheinlicher eintreffen wird als ein anderes. Wir werden uns jetzt mit einer Methode befassen, wie wir eine Handlungsalternative auswählen, wenn wir die sogenannte Eintrittswahrscheinlichkeit kennen oder zumindest abschätzen können.

Wenn wir von Chance reden, dann meinen wir die Wahrscheinlichkeit, mit der ein für uns positives Ereignis eintritt. Reden wir von Risiko, dann meinen wir das Gegenteil, nämlich ein für uns negatives Ereignis. Beispiel: Wenn wir darauf wetten, dass beim Würfeln die Sechs oben liegt, dann ist die Chance 1/6 oder, was gleichbedeutend ist, 0,167 oder 16,7 Prozent. Das Risiko, dass keine Sechs oben liegt, sondern eine Zahl von Eins bis Fünf liegt bei 5/6 oder 0,833 oder 83,3 Prozent. Bei einem abgeschlossenen Entscheidungssystem (hier wäre es der Würfel) ist die Summe aller Eintrittswahrscheinlichkeiten Eins oder hundert Prozent.

Für die Bewertung der Ergebnisse aus den Entscheidungsmethoden ist es hilfreich zu wissen, wie diese Chancen- oder Risikoangaben (also Wahrscheinlichkeiten) zustande gekommen sind. Einmal gibt es die sogenannte *objektive* Wahrscheinlichkeit. Welche Zahl beim Würfeln beispielsweise oben liegt, ist unabhängig von der würfelnden Person. Anspucken des Würfels, intensives Schütteln in der Hand oder im Würfelbecher oder ähnliche „Beeinflussungstechniken" sind wirkungslos. Der Zufall bestimmt das Ergebnis mit einer berechenbaren Wahrscheinlichkeit, wie wir oben gesehen haben. Die Wahrscheinlichkeiten ändern sich nicht, wenn eine andere Person würfelt. Der Würfel ist ein einfaches technisches System, das unabhängig vom jeweiligen würfelnden Menschen funktioniert.

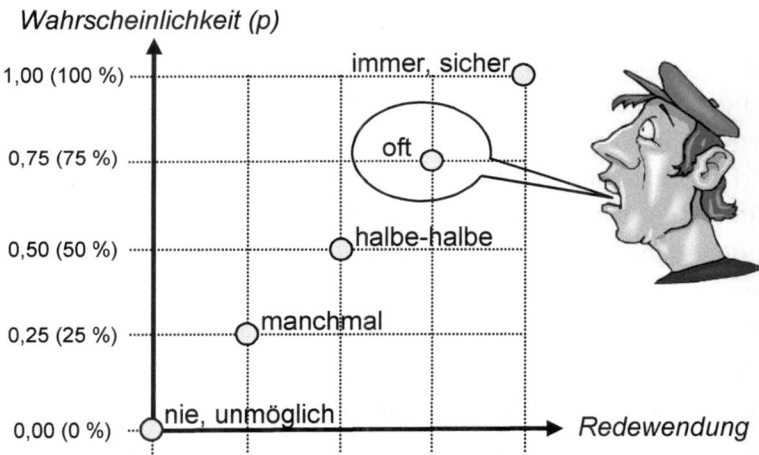

Abbildung 23: Wahrscheinlichkeiten und Alltagssprache
Wir verwenden oft (mathematisch) etwas ungenaue Formulierungen über Wahrscheinlichkeiten im täglichen Leben. Man kann diesen Formulierungen ungefähre konkrete Prozent-Werte zuordnen. Eine Eintrittswahrscheinlichkeit kann sich immer nur zwischen 0 (= 0,0 %) und 1 (= 100,0 %) bewegen.

Anders sieht es aus, wenn Sie morgen im Freien grillen wollen. Das macht nur Spaß, wenn es nicht regnet. Wenn Sie nachmittags nach einem Blick in den Himmel sagen würden: „Morgen regnet es mit neunzigprozentiger Wahrscheinlichkeit nicht", dann wäre das Ihre persönliche Meinung zum gegenwärtigen Zeitpunkt. Wenn Sie abends nach der Tagesschau im Wetterbericht hören, dass ein Sturmtief heranzieht und man morgen mit starken Schauern rechnen muss, ändern Sie sicherlich Ihre Einschätzung. Sie haben zusätzliche Informationen erhalten. Ihre Aussage über die

Wahrscheinlichkeit, ob es regnen oder nicht regnen wird, hängt also ab von Ihrem jeweils aktuellen persönlichen Kenntnisstand. Dies wäre dann eine *subjektive* Wahrscheinlichkeit.

In der Alltagssprache gibt es dazu Formulierungen wie: nie, niemals; selten, manchmal; halbe-halbe; oft oder immer, sicher *(Abbildung 23: Wahrscheinlichkeiten und Alltagssprache)*. Als Näherung könnte man folgende Wahrscheinlichkeiten zuordnen: nie (0,0 oder 0 Prozent), manchmal (0,25 oder 25 Prozent), halbe-halbe (0,5 oder 50 Prozent), oft (0,75 oder 75 Prozent), immer (1,0 oder 100 Prozent). Man sollte sich daran erinnern, dass es eben oft Schätzungen sind, mit denen man arbeitet und sich vor einer Pseudogenauigkeit hüten. Es ist daher meist hilfreich mit verschiedenen Wahrscheinlichkeiten die Methode durchzurechnen. Mit Tabellen-Kalkulationsprogrammen ist das auch leicht möglich. So bekommt man einen Eindruck dafür, wie sensibel das Entscheidungsmodell auf die Veränderungen reagiert. Für die Entscheidungsmethode selbst ist es gleichgültig, um welche Wahrscheinlichkeit es sich handelt. Der Rechengang ist der gleiche, ob subjektive oder objektive Eintrittswahrscheinlichkeiten verwendet werden.

9.2 Bayes-Regel und Wahrscheinlichkeiten

Thomas Bayes (1701 – 1761) war ein englischer Mathematiker und Pfarrer bei den Presbyterianern. Er interpretierte Wahrscheinlichkeit als Grad der persönlichen Überzeugung (engl.: degree of belief), also als *subjektive* Wahrscheinlichkeit.

In den zurückliegenden Fällen haben wir verschiedene Entscheidungsmodelle kennengelernt, wenn wir unter Unsicherheit entscheiden. Wir nehmen zur Erläuterung dieser neuen Methode, der sogenannten *Bayes*-Regel, wieder den Fall mit den Aufträgen und der Kapazitätserweiterung. Das Ergebnis aus der Bayes-Regel, wird auch µ [My]-Kriterium genannt, daher findet man auch die Bezeichnung µ-Regel. Die Wahrscheinlichkeiten werden mit dem Buchstaben „p" gekennzeichnet (von engl.: probability = Wahrscheinlichkeit).

Situation 7: Ein Unternehmen erwartet einen von drei Aufträgen A, B, C. Es ist in jedem Fall eine Erweiterung der Produktionskapazität erforderlich. Dazu werden drei Alternativen in Betracht gezogen: Ausbau vorhandener Maschinen, Anschaffung einer Universalmaschine, Anschaffung einer Spezialmaschine. Welcher Auftrag kommt, kann aktuell noch nicht gesagt werden. Der Vertrieb schätzt jedoch die Chancen, einen der Aufträge zu erhalten, wie folgt ein: 60 Prozent für Auftrag A, 30 Prozent für Auftrag B und 10 Prozent für Auftrag C. Der Ausbau der Kapazitäten muss aber jetzt schon entschieden und eingeleitet werden, weil sonst die voraussichtlichen Liefertermine nicht mehr eingehalten werden können. Unter Berücksichtigung der Auftragswahrscheinlichkeiten soll ein Vorschlag für den Kapazitätsausbau ermittelt werden.

Wie bei den vorherigen Beispielen wird zuerst eine Ergebnis-Matrix erstellt *(Abbildung 24: Wahrscheinlichkeiten und Bayes-Regel)* mit den Handlungsalternativen (a) als Zeilen und den Zuständen (z) als Spalten. Jedem Zustand (im Beispiel: Auftrag A, B und C) wird eine Eintrittswahrscheinlichkeit (p) zugeordnet. Beispielsweise wird erwartet, dass der Auftrag A mit einer Wahrscheinlichkeit von 0,6 bzw. 60 Prozent kommen wird. Die Summe aller Wahrscheinlichkeiten ist immer 1 oder 100 Prozent.

Nun multipliziert man jeden Ergebniswert einer Spalte (Beispiel: e_{11} = 60 Tsd €) mit der Wahrscheinlichkeit dieser Spalte (Beispiel: p_1 = 0,6) und erhält einen sogenannten Erwartungswert (Beispiel: e_{11}' = 60 Tsd € x 0,6 = 36 Tsd €), den man in eine Entscheidungs-Matrix mit identischen Aufbau wie die Ergebnis-Matrix überträgt. Pro Zeile der Entscheidungs-Matrix, also Handlungsalternative (a), wird die Summe gebildet (Beispiel bei

Zeile a_1: Summe = 36 Tsd € + 3 Tsd € - 1 Tsd € = 38 Tsd €). Aus diesen Summen ermittelt man dann den maximalen Wert. In der Zeile, in der dieses Maximum steht, findet man die empfohlene Handlungsalternative (Beispiel: a_2 Anschaffung Universalmaschine).

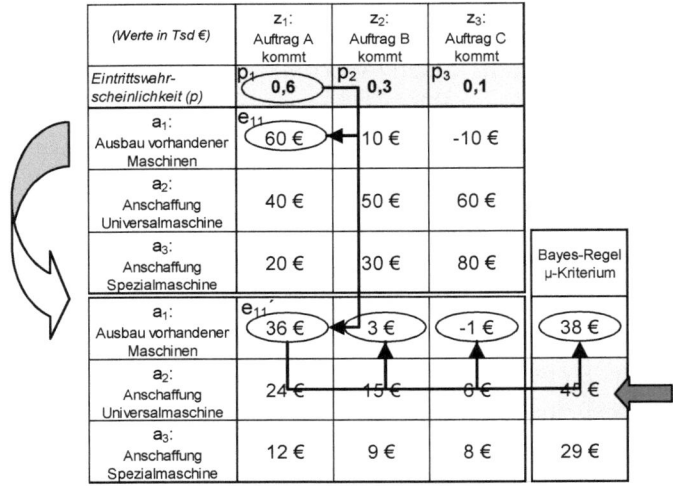

Abbildung 24: Wahrscheinlichkeiten und Bayes-Regel

In der Ergebnis-Matrix ist auch notiert, mit welcher Wahrscheinlichkeit ein Auftrag erwartet wird. Jeder Ergebniswert (z.B. e_{11} = 60 Tsd €) wird mit der Wahrscheinlichkeit des betreffenden Zustandes (z.B. p_1 = 0,6) multipliziert. Man erhält den Erwartungswert (z.B. e_{11}' = 36 Tsd €). Die Summe aller Erwartungswerte einer Handlungsalternative ergibt das μ-Kriterium der entsprechenden Alternative. Die Zeile mit dem höchsten μ-Wert enthält die empfohlene Handlungsalternative (z.B. a_3: Anschaffung Universalmaschine). (Detailerläuterung siehe Text)

9.3 Exkurs: Ergebnisse fast gleich, wie entscheiden?

Bei der praktischen Anwendung kann es manchmal vorkommen, dass die Ergebnisse annähernd gleich sind *(Abbildung 25: Bayes-Regel mit fast gleichen Ergebnissen)*. Sich dann stur an der MaxiMax-Regel zu orientieren, könnte zu einer Fehlentscheidung führen. Als zusätzliches Entscheidungskriterium muss man dann noch prüfen, wie sehr pro Alternative (Beispiel: a_1) die Einzelergebnisse (Beispiel: e_{11}, e_{12}, e_{13}, e_{14}) voneinander abweichen.

(Werte in Tsd. €)	z_1 Auftrag A kommt	z_2 Auftrag B kommt	z_3 Auftrag C kommt	z_4 Auftrag D kommt	μ	μσ	
Eintritts- wahrscheinlichkeit ⇨	0,3	0,2	0,1	0,4	[My]	[MySigma]	Rang
a_1 Ausbau vorhandener Maschinenpark	20	90	50	50	49	25,1	4
a_2 Anschaffung Universalmaschine	80	30	50	40	51	18,7	2
a_3 Anschaffung Spezialmaschine	10	60	0	90	51	38,4	5
a_4 Fremdbezug des Produktes ◄	60	40	70	40	49	13,5	1
a_5 Lohnfertigung des Produktes	50	70	90	30	50	24,5	3
					Minimum von μσ	13,5	

Abbildung 25: Bayes-Regel mit fast gleichen Ergebnissen
Bei annähernd gleichen μ-Werten prüft man noch, wie sehr die Einzelwerte pro Alternative von diesem Wert abweichen. Man nimmt diejenige Alternative mit der kleinsten Abweichung (dem kleinsten μσ-Wert). Die Standardabweichung der Einzelwerte könnte man pro Zeile mit der Excel-Formel: = STABWN(wert1, wert2, ... wertn) berechnen. Für den μσ-Wert kann sie allerdings nicht verwendet werden. (Detailerläuterung siehe Text)

Das gleiche Problem hat man vielfach auch, wenn man bei Zahlenreihen nur mit Durchschnittswerten (Mittelwerten) arbeitet. Beispielsweise ist 8 der Durchschnitt aus den Zahlen {1, 3, 20}; der Durchschnitt aus den Zahlen {6, 8, 10} ist ebenfalls 8. Man sieht aber, dass die Ausganswerte beim zweiten Beispiel näher am Durchschnitt liegen, als beim ersten. Für Statistiker ist ein Mittelwert nur dann wirklich aussagefähig, wenn man auch die Abweichungen vom Mittelwert kennt. Für diese Abweichungen hat der britische

Naturforscher *Francis Galton (1822 – 1911)* ein Maß definiert: *Standardabweichung*. Es ist ein Maß für die Abweichung (= Streuung) aller Einzelwerte vom Mittelwert. Je kleiner dieser Wert ist, desto näher liegen die Einzelwerte am Mittelwert, je größer, desto weiter liegen sie entfernt. Bei der *Bayes*-Regel ist dies der sogenannte μσ-Wert [MySigma-Wert].

Anmerkung für Leser, die sich mit Statistik etwas auskennen: Die Standardabweichung σ [Sigma] misst ja die Abweichungen vom Mittelwert. Bei der *Bayes*-Regel wird nach der gleichen Formel der sogenannte μσ-Wert [MySigma] errechnet. Nur dass anstelle des Mittelwertes für die Abweichung der Einzelwerte der μ-Wert genommen wird. Daher kann man die Excel-Formel STABWN nicht verwenden und muss die Rechenschritte selbst formulieren. Bei annähernd gleichen μ-Werten bei der *Bayes*-Regel entscheidet man sich für diejenige Alternative mit dem kleinsten μσ- Wert.

Nachwort

Schach ist sicherlich ein herausforderndes Spiel, wenn man über den Anfängerstatus hinaus gelangen will. Man lerne dort *„Logik, Konzentration, Entschlossenheit und Phantasie"*, meint *Garri Kasparow (*1963)*, das russische Schachgenie, das über zwanzig Jahre (1985 – 2005) Nr. 1 der Weltrangliste war. In seinem Buch *Strategie und die Kunst zu leben* versucht er zu zeigen, *„welche Lösungen das Spiel der Könige für die Herausforderungen des Lebens bietet."* So verlockend der Vergleich ist, so unzutreffend ist er. Jeder Schachspieler kennt die Regeln. Er ist sich sicher, dass sie der Gegner auch kennt und sich daran hält. Er kennt seine Figuren und weiß, welche Züge er mit ihnen machen kann und der Gegner weiß das auch. Er hat einen vollkommenen Überblick über die aktuelle Spielsituation und den bisherigen Spielverlauf. Das Spielfeld ist eindeutig abgegrenzt. Und es gibt feste Kriterien dafür, wann er verloren, gewonnen oder unentschieden gespielt hat.

Keines dieser Merkmale trifft im wirklichen Leben zu. Nicht jeder kennt die Regeln. Man weiß nicht, ob der Gegner fair spielt. Es ist nicht bekannt, welche Figuren die andere Person noch mit ins Spiel bringen könnte. Und ein vollständiger Überblick über die Situation ist auch nicht vorhanden. Ein scheinbarer Sieg kann sich als Niederlage herausstellen und umgekehrt. Menschen handeln, wie wir gesehen haben, unter Ungewissheit. Und logisch sind wir auch nicht immer.

Was bleibt also? Anstelle großer Theorien bleibt meist nur, sich damit zu arrangieren, dass man Täuschungen aufsitzen kann und es nicht immer nur Sieger und Verlierer, sondern auch zwei Verlierer oder zwei Gewinner geben kann. Ob die eigenen Entscheidungen zum Ziel führen, ist ungewiss. Ein Restrisiko bleibt, trotz sorgfältigster Vorbereitung. Man arbeitet in der Praxis weniger mit einem chirurgischen Skalpell, mehr mit einem scharfen Küchen-messer oder einer Axt, manchmal auch mit dem Hammer.

Die zurückliegenden Erläuterungen waren so etwas wie ein Werkzeugkasten für den praktischen Gebrauch. Es ist ein Werkzeugkasten, keine komplette Werkstatt mit allen nur denk-baren Werkzeugen und Vorrichtungen. Es wurden einige evolutionäre und psychologische Hintergründe erläutert, die bei unseren Entscheidungen mitspielen. Es wurde dargelegt, wie man eine Entscheidungssituation als Tabelle oder Matrix systematisch aufbereitet, so dass mit den verschiedenen Regeln daraus eine Handlungsempfehlung entstehen kann. An praktischen Beispielen sind die Methoden und Regeln erläutert worden, nach denen man vorgehen sollte. Es wurde nicht einseitig für Bauchentscheidungen, intuitive Entscheidungen oder rationale Entscheidungen plädiert. Das Entscheidungsproblem bestimmt die Methode. Die Literatur-hinweise laden ein, das eine oder andere Thema zu vertiefen.

Wenn sich die Trefferquote Ihrer Entscheidungen nach der Lektüre dieses Buches künftig erhöht, wäre das ein kleiner Erfolg. Eine Frage bei den zurückliegenden Ausführungen war, was die beste Entscheidung sei. – Es ist die, mit der Sie lange zufrieden leben können. Es ist die, welche Sie nicht bedauern, selbst wenn rück-blickend eine andere noch besser gewesen wäre. Doch Zufriedenheit ist ein sehr ungenauer und subjektiver Begriff.

Literaturverzeichnis

Bamberg, G., & C., G. A. (2006). *Betriebswirtschaftliche Entscheidungslehre.* München: Vahlen.

Bamberg, G., Baur, F., & Krapp, M. (2007). *Arbeitsbuch zur betriebswirtschaftlichen Entscheidungslehre.* München: Vahlen.

Beck, H. (2008). *Die Logik des Irrtums.* Frankfurt: F.A.Z.-Institut.

Bitz, M. (1981). *Entscheidungstheorie.* München: Vahlen.

Damasio, A. R. (2004). *Descartes´ Irrtum. Fühlen, Denken und das menschliche Gehirn.* Stuttgart: Siedler.

Diverse. (04. 2006). Klug entscheiden - Chancen erkennen, Alternativen Bewerten, Fakten schaffen. *Havard Business Manager.*

Diverse. (01. 2012). Wie entscheiden wir - Im Widerstreit von Vernunft und Bauchgefühlt. *Spektrum der Wissenschaft,* S. 3-82.

Dobelli, R. (2011). *Die Kunst des klaren Denkens. 52 Denkfehler die sie besser anderen überlassen.* München: Hanser.

Dörner, D. (1996). *Die Logik des Misslingens. Strategisches Denken in komplexen Situationen.* Reinbek bei Hamburg: Rowohlt.

Dörsam, P. (2007). *Grundlagen der Entscheidungstheorie.* Heidenau: PD-Verlag.

Eisenführ, F., & Weber, M. (2004). *Rationales Entscheiden.* Berlin-Heidelberg-New York: Springer.

Johnson, S. (1995). *Ja oder Nein. Der Weg zur besten Entscheidung.* Reinbek bei Hamburg: Rowohlt.

Jungermann, H., Pfister, H.-R., & Fischer, K. (2005). *Die Psychologie der Entscheidung.* München: Elsevier.

Kaiser, W. R. (2012). *Die Schlange in uns - Warum und wie wir verführbar sind.* Norderstedt: BoD.

Laufer, H. (2007). *Entscheidungsfindung. Sicher Entscheiden - erfolgreich handeln.* Berlin: Cornelsen.

Mérö, L. (2000). *Die Logik der Unvernunft. Spieltheorie und die Psychologie des Handelns.* Reinbek bei Hamburg: Rowohlt.

Nagel, S. (2011). *Intuition - Die Stimme des inneren Helfers.* Abgerufen am 11. 10 2011 von www.geist-leben-welt.de

Nöllke, M. (2004). *Entscheidungen treffen. Schnell, sicher, richtig.* München: R. Haufe Verlag.

Pössiger, G. (1982). *Wörterbuch der Psychologie.* München: Humboldt.

Roth, G. (2007). *Persönlichkeit, Entscheidung und Verhalten. Warum es so schwierig ist, sich und andere zu ändern.* Stuttgart: Klett-Cotta.

Schulz, N. (11. 02 2011). *Wie man die Macht des Unterbewusstseins nutzt.* Abgerufen am 07. 08 2012 von www.spiegel.de/wissenschaft/mensch

Welsche, J. (2010). *Heuristics and Biases. Kritische Analyse des heuristics-and-biases-Programms von Kahnemann und Tversky.* Saarbrücken: VDM.

Willenbrock, H. (August 2008). Die Psycholgie der Entscheidung - Das Geheimnis der guten Wahl. *GEO*, S. 138-152.

Abbildungsverzeichnis

Verzeichnis der Bildquellen

Abbildung	Bildquelle
1	Eigene Fotomontage, Microsoft ClipArt
3	Eigene Abbildung
4	http://de.wikipedia.org/wiki/
5	http://origion.arstechnica.com/news.media/facebiometrics.jpg
	http://academics.iranessa.com/wp-content/uploads/2007/
	ietmlabels.jpg
6	Microsoft ClipArt
7	Microsoft ClipArt
8	Eigene Abbildung, Microsoft ClipArt
12	Eigene Abbildung, Microsoft ClipArt
15	Eigene Abbildung, Microsoft ClipArt
16	Eigene Abbildung, Microsoft ClipArt
23	Eigene Abbildung, ClipArt (Quelle unbekannt)

Personen- und Sachregister